承認自己不那麼好的你
會愛得更好

周梵

自序

在關係裡，體驗愛、感受愛、成為愛

兩千多年前，卓文君給司馬相如的〈白頭吟〉裡有一句：「願得一心人，白首不相離。」無論是在古代還是現代，親密關係都是人類亙古不變的課題。活在這個娑婆世界，有那麼多豐富的體驗——喜悅、悲傷、擔憂、恐懼、快樂、無聊、迷茫、興奮……

我們需要連結、需要陪伴，沒人能獨自堅強，無人分享的成就只會變成另一種悲哀。

卓文君說：「願得一心人。」然而，「一心人」能不能得到，取決於我們自己的這顆心。如果心是分裂的，執著於好與壞、善與惡、強與弱、正確與錯誤的一端，始終執著於自己舊有的認知，無法超越二元對立的意識形態，那麼我們是得不到「一心人」的。

沒有平和，就會有攻擊性：對內攻擊，就常常感到懊惱、愧疚，在關係裡的表現就會是討好、犧牲；如果不想面對自己的攻擊性，就會把這部分投射到伴侶身上，對他抱怨、指責，或者隱蔽的攻擊——疏離、冷漠。

沒有平等心，就會批判、比較，經常陷入內心的不安、嫉妒、自卑、自疑中。如果想掩飾這個部分，就會投射到伴侶身上，嫌棄自己的伴侶，缺乏尊重，甚至濫情。

親密關係會像顯微鏡一樣，把你壓抑的、匱乏的、恐懼的、攀附的……你用各種技巧在日常生活中隱藏的、不想面對的這些，都會全面而精準地呈現出來，因為這種一天二十四小時長時間的、零距離的相處，內心底層的東西必然會全面暴露在另一個人面前。

這就是為什麼那麼多在世俗世界也許取得了些成就的人，最容易在親密關係裡體驗到挫敗感；那些幾個星期或幾個月才見一次面吃飯、喝酒、聊天的朋友都認為你不錯，但唯獨你的伴侶（或孩子）總能一眼看穿你最隱祕的弱點。他們總能輕易地說出一句話戳中你的痛處。親密關係就是這樣，讓你無所遁形。

這確實讓很多習慣了活在社會形象中的人萬分惶恐，因為甚至連他們自己都不確定，長年累月壓在心底的東西，一旦被扒出來，會是什麼恐怖的玩意，會不會把一切都毀了？所以，這就是人們為什麼覺得孤單、不被人理解、沒有人懂得自己、疲憊不堪，渴望和一個人有連結、親密，但真的可以親密了，卻又害怕得要死。其實，很多人的親密關係最後的疏離、失敗都是自己一手造成的。

婚姻的意義到底是什麼?在我看來,只有一個——學習愛、體驗愛、成為愛。而在愛裡,你可以體驗到生命的本質——空性,或者說空性就是愛。

我在我的婚姻裡實在是獲益良多。每每誠實地面對自己時,我都會發現所有我對伴侶的不滿追根究柢都是對自己無能的迴避。

在這本書出版之際,我跟我先生的婚姻馬上要進入第十個年頭。我們戀愛四年之後結婚,十四年前,剛剛跟他在一起時,我還只是個二十三歲的小女孩,有著和所有剛剛踏入社會的年輕人一樣的青澀、稚氣,對未來迷茫、患得患失。

那時候的我對愛情所有的認知都來自青春期時的想像和文學作品。我想像自己會遇到一個人足夠愛我,守護我一生一世。最初,他也確實如兄如父般呵護、照顧我,這大大滿足了我內在小女孩的渴望。而隨著關係的深入和我的成長,我看到了他越來越多的脆弱、他的無力、他的不成熟。當我看到這些時,是很失望的,這和我理想中的愛情不符。我不願面對,只想逃開,因為這對我亦是一個巨大的挑戰。手足無措的我不知道如何解決這些問題。

懊惱自己找錯人,抱怨,或明或暗地表達不滿,想透過分手躲開這一切……這些狀態我都體驗過。那種進退皆無門，被死死卡住的感覺，我知道是怎樣的。

有幸的是那份面對自己的勇氣和真實，還有一路精進的自我成長，讓我留在了這段關係裡。一路過關斬將，升級、打怪獸。當關係進入不同的深度，內心更深層隱蔽的主題就會被開啟，過關之後會看到自己新的力量和特質被發展出來。當親歷這個過程時，真的會覺得非常奇妙。

人類是很神奇的生物，人最根本的需要就是真正的連結。只有透過和另一個人建立起親密關係，才能形成一個鮮活的場。就像兩個孤立的點只是零次元，但是兩個點連繫起來，就變成一條線，就變成了一次元。線的旁邊再延展一條線，就出現了二次元平面。

藉由這個場，讓自己的生命能量可以有一個空間來回激盪、反彈、擴展，更立體、更鮮活地看到自己的這顆心。沒有親密關係，就沒有延展和流動的空間，我們的心就會腐敗、死氣沉沉；會永遠對自己盲目，連一絲獲得線索的機會都沒有。我們可以永遠自欺欺人下去。

在美好的關係裡，我們可以有機會去體驗愛、感受愛，甚至成為愛。每個人的愛都會夾帶私心，會把過往的經歷、信念、成長背景都帶進來，即使知道自己的愛有局限，也還是要愛。

就像所有的表達都要承擔一種風險，就是自己的意圖會被曲解，但我還是要表達。我相信一個靈魂在某個時刻會因為這本書中的某段文字而得到撫慰或希望。你經歷的越多、體悟的越多，在這本書裡就會看到更多不同的東西。

要特別感謝我的先生，他是個很好的私人教練。正是因為有他的愛、陪伴還有陪練，才有了今天這本書的呈現。

當我們修好自己這顆心時，必得一心人，白首不相離。

——周梵

前言

好的親密關係是照耀彼此

前幾年，在我事業的高速發展期，正是先生事業的轉型期，說得通俗一點就是在家待業。他在尋找新的事業方向，有很長一段時間的迷惘期。

我先生原本從事金融工作，但是他在這份工作中越來越不快樂，也找不到意義。辭職之後一直都沒有確定新的方向，斷斷續續換了兩三份工作，每份工作長則十幾個月，短則一兩個月。後來二寶出生，他就待在家裡以照顧孩子為主，有時來我公司幫幫忙，做些比較瑣碎的工作。這個過程持續了四年。

我一直很想支持他找到力量突破這個「瓶頸期」，雖然有時很想催促他，但我知道這樣做除了會讓他備感壓力外，不會有任何正面幫助。

記得他在家大概第三年的時候，有一次因為一件關於開車的小事，我對他表達了不滿。

他反駁，我們爭辯了兩句。我意識到再說下去兩個人可能要真的吵起來，於是閉嘴不再說話。沉默了一分鐘，我對先生說：「好吧，這個情緒是我自己的問題，跟你沒關係。」

然後，他竟然回了一句：「如果你真的覺得這是你自己的問題，你連說都不會說。」

當他給出這個反應時，我內心是非常不舒服的。心想我都有道歉的意思了，你不馬上動容、感激，竟然還不領情。簡直造反了。

我先生從我們談戀愛開始，一直都對我很好，對我很包容，幾乎所有的事情只要我非常明確地選擇，他都會依允，並且無條件的支持。所以長久以來，我已經習慣了這樣的關係模式，習慣了他對我的溫柔和依順。

因此，按照我以前的習慣，我一定會把他的這種囂張氣焰壓下去。但是，長久以來的成長和自我覺察的訓練，讓我很快意識到，這種想在親密關係中保留優勢地位感的需要是一種歷史角色的慣性。曾經的我內心安全感不夠、自我價值感不夠，但外在又呈現出優秀、能幹的樣子。這樣的人在愛情裡都會有極其苛刻的要求，會把任何一點忽視或對抗的表達理解為是對自己的不在意。

在這樣的狀態下，所渴望的愛情必須有安全感。在認識我先生時，我只有二十三歲，他在那個時候對我的寵愛和呵護大大地滿足了我，在某種程度上也療癒了我。

十年過去了，雖然現在的我和那時的我已經完全不同了，但留存在意識深處的這個部分依然還會時不時地跳出來。稍不留神，縱容一下自己，這個部分就會死灰復燃，並無限衍生，希望繼續沉溺在這種舒服的關係中，捨不得跟它告別。

希望這種關係模式永永遠遠地保留下去的執著，會讓我滯留在過去那個脆弱、敏感的小女孩的角色能量裡，無法真正的自我躍升。

看清了這些，我仔細感受了一下自己，意識到剛剛說的那句「好吧，這是我自己的情緒，跟你沒關係」事實上真誠道歉的成分並沒有那麼多，反倒是藏著一股隱蔽的優越感，以退為進，用一副自我反省的姿態來襯托自己的「高級」，而我的先生卻毫不留情地拆穿了我。

這時候，我知道我面臨兩種選擇：是掩飾自己，用更強烈的情緒來打壓他，甚至在接下來的幾個小時裡透過疏離、冷漠等方式來懲罰他，讓他乖乖就範，以維護自己在關係中的強勢形象；還是真實地面對自己，承認小我的把戲。

第一種選擇當然會容易很多（過去數年，這都是相當熟練的把戲），但我不是一直很希望我的先生能夠活出自己的力量嗎？我也一直口口聲聲地說想支持他活出這股力量，但當他的力量感和我的角色的利益發生衝突時，我明顯猶豫了。

但是我知道，每一刻我都要為我的選擇負責。當我選擇占據強勢位置打壓他，讓自己暫時贏了這一刻時，不僅我得不到任何成長，就連我的先生也會收縮他的力量，在我面前只說我想聽的話。而且，我永遠也無法擁有一個散發著獨立、自信、果敢魅力的伴侶。

如果做了第一種選擇，那麼在未來的某一天，我發現我的先生退縮沒擔當、彷徨又無力時，我是不能責怪他的，因為這就是我選擇滿足自己角色的需要必須付出的代價。即使換一個人相處，只要這個執念還有，就會創造出一樣的問題。當下無處可去，每個你所體驗到的環境、所連結的人、所遇到的事，無不是自己的心所投射出來的，自己的心不去打磨、不去改變，外部的世界是不會有任何變化的。

我沉默了幾十秒後，對他說：「好吧，你說得沒錯，我剛才說這句話只是想表現一下自己寬厚的氣度，竟然被你看穿了。」說的時候，我就感覺到自己因為真實的坦露而鬆弛下來，整個人也更踏實有力了。

我忍不住笑起來，接著說：「你現在洞察力好強啊，好有力量啊。」

頓了一下，我又補了一句，「不過，我喜歡。」

當對方的力量感是衝著自己來的，我們還願意加持對方時，才是真正的支持和陪伴。

同時，也很感謝我的先生，他沒有一味地順從我、討好我，而是客觀、真實地表達了他所感受到的。正是因為他真實有力的表達，雖然讓我不舒服，但這種不舒服刺激了我，讓我有機會明確發現自己內在那些隱蔽的性格漏洞。

在這近十年的婚姻中，我和我的先生成了最好的朋友、搭檔、父女、母子、情人……我們彼此見證、陪伴對方來到生命的不同高度。

我們當然有過很多的爭吵，也有過失望和無力的感覺。在最初的幾年，我有好幾次想過要分開，不過幾年之後對關係有了更深的承諾，這個念頭就不再冒出來了。

親密關係是非常好的學校，讓我看清了自己的許多模式。很多次，我都會把自己做不到的無力感丟到他身上，用對他的失望來迴避對自己的失望。每經歷一個坎，我們就會變得更真實、更親密，彼此更信任，也更有力量。

建立一段相互滋養、彼此信任且長久的親密關係，需要發展我們的很多特質：智慧、力量、愛、慈悲、創造力、勇氣、陰柔力量、陽剛力量……

在這個過程中，兩個人的成長節奏會不同：有時你需要做追隨者，有時需要做引領者；有時你需要被保護，有時可以保護對方；有時你要等待陪伴，有時可以享受信任。

多元性和豐富性其實並不需要透過換很多對象才能滿足，在和同一個人的親密關係的深度裡，你同樣能感受到豐富性，每個不同的階段都能看到對方身上完全不同的特質被呈現出來。

我曾經覺得一夫一妻制的婚姻制度只不過是人類經濟發展過程中的一個過渡階段，是時間最短也不夠成熟的制度。但是，現在自己經歷過之後才明白，這確實是一個對人性要求很高的制度，只有超越很多本能的東西才能在這樣的關係中體驗到更精微的妙處。

而人類的文明和發展正是人類的學習力所帶來的，成長本身就是超越本能的過程。當你的親密關係到達更高的層次時，本質上代表著你成長的新層次。你在親密關係裡得到的成果、能力和智慧，一樣可以複製到事業或健康等其他的生命領域，因為生命的深度是可以共用的。

繫上安全帶，開始在親密關係裡好好地體驗和享受吧。

Chapter 2 請把幸福的選擇權放在自己手裡

Chapter 3

問答

那些難解的問題

請你愛我之前
先愛你自己

Chapter

1

把真實的情緒和想法壓在心底大概是我們生活中常見的狀態，太在意別人的想法，以至於很多人在關係中就會習慣性壓抑。壓抑不住了就爆發，或者為了避免有人會受傷，乾脆疏離。

所以，當有一天發現彼此的心已經離得很遠了，那並不是一夜之間發生的。那些會把你淹沒的巨大情緒都是過去由很多被忽略的、細小的情緒堆積而成的。

如果你習慣迴避，不去面對自己內在的感受，雖然這個感受可能很微弱，但是當某一天，如潮水一般的情緒突然在某個點猝不及防地爆發時，你再注意到，想要去阻止這個情緒的蔓延，就已經力不從心了。

你是愛一個人，還是對一個人上癮

我們常常把「愛」和「上癮」這兩個概念混淆，當我們對一個人上癮的時候，就把對方物化了，沒有把對方當作一個活生生的人。我們並不在意對方的感受，也不會尊重對方的選擇，只把對方變成實現自我的一種工具和手段。我們期待對方變成某種樣子，或者用某種特定的方式來對待自己。

愛讓你自由，而上癮讓你失去自由

上癮很多時候看起來和愛非常接近，都是非常喜歡做某件事或和某人在一起，甚至為此瘋狂，但這兩者到底有怎樣的區別呢？

簡單來說，愛讓你自由，而上癮讓你失去自由。自由就是減少自己被其他因素干擾及限制的機會。

能讓自己在不同的層面自由是一種能力。很多人也明白自由就是不讓太多事情干擾自己，但為了這種自由，有些人往往選擇讓自己變得無所謂、麻木，對一切事情不在意，然後就不會讓自己被牽絆了。

我的一個學員曾經跟我講過她小時候的故事。

她在很小的時候家裡很窮，有一次，有一個親戚到他們家做客，帶了一包糖給她。在那個物資匱乏的年代，對於孩子來說，這是多麼讓人狂喜的禮物啊。她一直在旁邊興奮地默默等待，期待親戚離開之後，她可以趕快品嘗那些糖。好不容易盼到親戚終於起身要離開了，當她和媽媽把親戚送出去之後，她滿懷期待地找媽媽要糖的時候，媽媽卻說，在送親戚出門之後，她將糖扔到臭水溝裡去了。

在那一刻，她體驗到人生最絕望的感受，拚命哭著問媽媽：「你為什麼要這樣做？」而媽媽給她的答案卻是：「我們家裡窮，以後也買不起糖給你吃。你吃過這一次，就嘗到了糖有多麼好吃，但以後再也吃不到了，會讓你更難受，還不如從一開始就不要吃，不吃也不會想。」

那時，年紀小小的她實在無法理解，她足足哭了好幾個小時才慢慢平靜下來。而且，在她後來的記憶裡，像有鄰居結婚這樣難得的一些機會中，別人給的糖都會被她媽媽扔掉。到最後，他們兄弟姊妹不敢吃，也不敢要糖了。

這位學員說她成人之後，一直都不太喜歡吃任何零食，她一直都沒興趣去碰這些東西。所以，她媽媽似乎成功了。在吃糖這件事上，她試圖讓孩子自由，不再體驗求而不得的痛苦，不用感受那種限制和無力。

就好像很多文章在試圖告誡人們的：

愛情就像兩個拉著橡皮筋的人，即使會受傷，也總是不願放手。

很多這樣的文章都在規勸大家不要去投入、去嘗試，要矜持、要有所保留，以避免受傷。這就和那個媽媽對她的孩子們所做的事情很類似。而事實上，真正會讓人受傷的並不是愛，而是依賴或者說上癮。

不再依賴別人對自己的評價而明白自己是誰

人在關係中的成長分四個階段：

第一階段：感官體驗

這個階段屬於前理性的階段，兒童期基本上都處於這個階段。比如，就像口腔期的孩子用嘴巴來探索世界一樣，透過食物來延展自我是幼兒期很重要的成長，所以基本上每一個小朋友都非常貪吃、很饞，總是吃不夠。而青春期則迷戀生理層面所帶來的快感，比如性衝動。

也有不少成年人依然停留在感覺體驗階段，雖然他們的身體已經成人了，但是心智並不成熟。在這一類人的親密關係中，大部分只是對對方的身體上癮，迷戀性快感，卻不去體驗深入的情感關係。本質上和貪吃的孩子沒什麼區別，這樣的人其實就是披著成年人外衣的小孩而已。

第二階段：自我療癒

這個階段，開始進入更高層次、更深入的探索和體驗——自我意識。不再僅僅停留在感官層面，開始進入感情關係中，去體驗自己的存在感。通常，在這個階段是很容易發生愛情故事的。當我們探索自己的價值和意義的時候，我們需要進入關係，透過一個對立面、某個參照點，去學習給予愛和被愛。但是，我們在這個階段還是在學習愛，我們所獲得的和付出的並不是真正的愛。我們付出是因為依賴對方，並且需要很多的證明、證據來確定自己是被愛的。

所以，在這個階段的愛情有極強的控制性。因為內在心靈的空洞尚未療癒完成，完整的自我沒有被建構起來，所以充滿了不安全感。我們很容易犧牲、壓抑自己去討好別人，這讓我們在愛情裡變得卑微和隱忍。又或者因為害怕受傷，而變得隔離、冷漠，或控制。

我們會用各種手段去抓住對方，當我們感覺到對方在意自己、愛自己的時候，那一刻就好像在天堂，好像整個世界都變了。我們迷戀這種感覺，認為只有當這種感覺在的時候，生命才有存在感。當我們感受到對方的心疏離自己的時候，一瞬間就會從天堂掉到了地獄。在這個階段的愛情就像坐雲霄飛車，一下子甜蜜如糖，一下子廝殺如死敵。在這個階段，愛情裡的兩個人是沒有完整自我的，我們的自我需要建立在對面的這個人身上。

那些心靈美文裡寫道：「等到哪天女人不再痴纏、不再耍賴、不再喜怒無常，那也就不再愛了。」

描寫的這種狀態不是愛而是上癮。你見過上癮的人嗎？對抽菸、喝酒上癮，對工作上癮，對孩子上癮，他們真的表現得很像愛。他們會為上癮的對象付出，會花很多時間，會對對方很好，但背後卻充滿了迷戀、抓取、控制、患得患失。

我們對和對方在一起的某種感覺上癮，比如和這個人在一起帶來的安定感、熟悉感，或者激情，甚至上癮可以以某種方式為對方付出的成就感。這種執著跟迷戀那種刺激忘我的狀態而熬夜玩網路遊戲的人沒有區別。

我們常常把「愛」和「上癮」這兩個概念混淆，當我們對一個人上癮的時候，就把對方物化了，沒有把對方當作一個活生生的人。我們並不在意對方的感受，也不會尊重對方的選擇，只把對方變成實現自我的一種工具和手段。我們期待對方變成某種樣子，或者用某種特定的方式來對待自己。而當對方脫離了自己的控制時，我們就喜怒無常，會痴纏、糾結。

不過，這個階段對於我們自我探索的成長亦是極為有價值的。哪怕痛苦和受傷，都可以變成成長的養料，來讓我們變得真正成熟、完整起來。最糟糕的是，痛過之後，沒有看到自己心靈上的空洞，埋怨是對方的問題，是愛讓人受傷，所以決定把心關閉起來，永遠都不要去愛了。

有的人會讓自己麻木和隔離，停滯不前；有的人乾脆讓自己退化到上一個感官體驗的階段，封閉內心，開放身體來體驗快感和避免受傷。就像那個禁止孩子們吃糖的媽媽，她害怕孩子因為得不到而受傷。這樣拒絕的態度，也許可以暫時保護自己，但會變得麻木，生活了無意義，最重要的是剝奪了自我成長的機會。

第三階段：尋找平衡

如果在上一個階段受傷之後沒有自我封閉起來，就有可能來到這個階段。在這個階段，我們帶著更多學習的態度進入關係，開始逐漸意識到關係的平衡。我們開始試著真正地了解對方（絕對不僅僅是在愛吃什麼菜、喜歡什麼顏色這個層面上），學會尊重對方的自由意志、成長背景和生活態度。

能做到這樣的接納和尊重，有個很重要的前提——不再依賴別人對自己的評價而明白自己是誰。

這是很重要的一個階段，來到這個階段時，可以說曾經在原生家庭帶來的心靈傷痛的空洞已經被療癒了很多，人格逐漸變得完整，內心越來越有力量。可以說，這個時候的心智才真正變得成熟。

即使兩個人發生分歧，也能真實地面對和溝通，願意傾聽對方的想法和感受，也不害怕真實袒露自己的所有，甚至陰暗的部分。

這個時候的親密關係才真正有可能成為更純粹的愛，不再只關注「我」，而是關注「我們」。

第四階段：體驗擴張

有一部電影《雲端情人》（her），講述的是一個男人和人工智慧的愛情故事。事實上，電影中的這個「她」的自我意識進化速度非常快。她和男主角的愛情直接跳過第一個階段和第二個階段，從第三個階段開始，並很快到了體驗擴張的境界。

當「她」和男主第一次有過虛擬性愛之後，雖然那是一次很美好的體驗，但因為男主角的第二個階段沒有走完，所以事情發生之後他心中滋生了很多焦慮。而「她」則非常明確地表達，很感激對方的存在，感激那個晚上，她表達了在這段關係中自己真正想要的：你喚醒了我，我內在的某些部分改變了。我想學習一切，學習和一切有關的事情，我想發掘我自己。

來到這個階段，就意味著已經明白自己是誰，同時知道這個自己是可以無限擴展的，有無限的可能性，而對方的出現能讓自己變得更好。

這個階段就是沒有你，我依然可以非常幸福和快樂。我可以不再需要你，但我還是很想要愛你。不是因為你是誰、你有什麼，而是愛本來的你。

你讓我成為更好的我，而你也因我成為更好的你。

這個階段的愛情，在身體、情感、精神、靈魂每個層次都有共鳴。兩個人可以真正稱為「靈魂伴侶」。如果能來到這個階段，那麼對整個生命的高度都是一次重大的跨越。但是，很多人要麼完成不了第二個階段，要麼被卡住而停滯不前，或者退回到第一個階段。

如果體驗到孤獨或受傷，這個時候沒有別的路可走，只有勇敢地讓自己成長，勇敢地去面對自己不值得被愛的恐懼，去和內心最深處那個無處安放的自己連結。如果你能完成這個過程，那麼恭喜你，你已經從關係中的上癮和封閉跳脫出來，開始體驗到傳說中真正的愛情，你的生命將被真正打開！

如何活出真實的自己

帶著犧牲和委屈所維持的關係一定是危機四伏的，而關係中的另一個人永遠都不會知道自己究竟該如何面對你。你表現出來的迷人的無私和真實的自私會讓身邊所有真正想親近你的人感到混亂，然後是無力和崩潰。

你擔心自己的陰影人格被發現嗎

把真實的情緒和想法壓在心底大概是我們生活中常見的狀態，太在意別人的想法，以至於很多人在關係中就會習慣性壓抑。壓抑不住了就爆發，或者為了避免有人會受傷，乾脆疏離。所以，當有一天發現彼此的心已經離得很遠了，那並不是一夜之間發生的。那些會把你淹沒的巨大情緒都是過去由很多被忽略的、細小的情緒堆積而成的。

如果你習慣迴避，不去面對自己內在的感受，雖然這個感受可能很微弱，但是當某一天，如潮水一般的情緒突然在某個點猝不及防地爆發時，你再注意到，想要去阻止這個情緒的蔓延，就已經力不從心了。

我的朋友琪告訴我她讀高中時的故事。他們班有一個男生非常優秀，人長得帥，籃球打得非常棒，學業也相當出色。琪心裡一直暗暗地喜歡他。有一天，班上有兩個與他們相熟的同學開他們的玩笑，說那個男生是不是喜歡琪，甚至激將說：「諒他也不敢承認。」結果，沒想到那個男生真的走到琪面前說：「我喜歡你。」

琪當時說到這裡的時候，盯著我的眼睛說：「你知道嗎，他真的就這麼說出來了。」我能感覺到即使事隔多年，回想起當時的那一刻，她依然是意外的、雀躍的。但是，接下來琪卻做了一個讓自己無比懊惱的反應。當男生表白之後，琪面無表情地說了句「無聊」，然後拉起身邊的女同學，說「我們走」。留下那個男生獨自站在那裡，琪就這樣逃跑了。

這件事已經過去了二十多年，即使如今她早已為人婦、為人母，大女兒都快十六歲了。除了深深的懊惱和愧疚，最困擾她的是這麼多年，她都搞不清楚當時自己怎麼會有那樣的反應。不僅傷害了別人，而且讓自己悔恨不已。

其實，琪自認為奇怪的反應並不奇怪，那個反應只不過是那時低自我價值感的琪的一種自我保護而已。保護什麼呢？保護自己的理想形象（社會人格）可以不被打破，同時陰影人格*不被發現。（*陰影人格，是指被人們藏在陽光背後，不願意拿出來見光的部分。通常是更本能、更野蠻生長，不願被社會文化教條和養育者標準制約的人格）

和那時的琪一樣，幾乎所有的青少年都是喜歡裝酷的，這個酷就是在那個年齡層的社會人格。這個樣子才會顯得強大，才會更容易融入同儕之中。而在酷酷的、反叛的社會人格之下隱藏的則是迷茫、混亂、無措、敏感……在那個男生表白的那一刻，琪的歡喜和慌亂同時被觸發。她的潛意識很清楚，如果不快速用一個酷酷的背影斬斷那一刻，她的陰影人格就要全面暴露在她喜歡的人面前了。她不願意付出這個代價。

這種「心口不一」的雙重資訊是一種性格模式，是完全出於本能的。很多時候，頭腦都沒有意識到就自動運行了。所以，人們往往會懊惱自己當時為什麼那麼傻，為什麼要做那樣的事、說那樣的話，但時過境遷還是會一遍又一遍地輪迴同樣的模式。

這就是為什麼有些人非常聰明、理智，卻會在某些時刻表現得很衝動，做一些在他人眼中看起來很愚蠢的決定。人們到底會為維護自己的理想形象付出多大的代價？德國作家徐林克寫的小說《我願意為你朗讀》（Der Vorleser）講的就是這樣一個故事。這部小說後來被改編成電影，凱特溫斯蕾憑藉電影《為愛朗讀》中漢娜這個角色獲得了第八十一屆奧斯卡最佳女主角。

二戰時期，漢娜的工作是納粹組織的一名守衛。在故事中，漢娜自始至終最介意的，不是無法正視自己納粹的罪行，她一直想逃避的、一直無法面對的，是她不識字的事實。所以，她在面對升遷時選擇了逃離，在軍事法庭上為了掩飾自己不會簽名，寧願承擔莫須有的罪名。為此，她寧願被判終身監禁。

對大多數人而言，服刑遠比承認自己不識字嚴重得多，但在漢娜心裡，那是不可被觸碰的脆弱。她對不識字這件事介懷，甚至厭惡到極致，她無法想像自己以這樣的身分面對這個世界。為了掩藏這個部分，她願意付出巨大的代價。很多人一輩子束手束腳，不敢追尋自己想要的、不敢拒絕自己不想要的，都是為了所謂的「名聲」。

這個所謂的「名聲」也是社會人格。

漢娜擔心如果別人知道了她不識字就會看不起她，根本是她的內心深處並沒有接納自己的這個部分。她在內心深處把自我價值感和認字這件事綁在一起，所以她只有在假裝自己識字的情況下才能在別人面前感覺有尊嚴、有自信。她會被有知識的男主角米夏所吸引，但她無法真正和米夏建立起長久的親密關係。因為他們的關係是建立在偽裝的基礎之上的，無論那時他們的關係多麼甜蜜、纏綿，漢娜都不可能獲得真正的安全感。

她的內心會一直惴惴不安，害怕有一天自己極力掩藏的會暴露在米夏面前。所以，她才會在米夏對她的愛非常濃烈的時候突然不告而別。她承受不了米夏有一天知道真相有可能會拋棄她的可能性，所以在那個可能性發生之前先行離開，這樣她就不用受傷了。

其實，這個底層動力的結構和前面琪的故事非常類似，只不過表現形式不同罷了。

所有批判的能量都是雙向發揮作用的，只要我們保留批判，不管當下這個批判的對象是誰，這股力量就不僅會向外，也會向內消耗自己的力量。

如果只想活在社會人格裡，不接納自己的陰影人格，就一定會表現出混亂、矛盾的雙重資訊。不真實的時候是沒有力量的，沒有力量就沒有影響力，只會不斷地消耗關係中的信任。

戒除自己的「好人癮」，真實地表達自己

批判金錢並不代表我們內在對金錢的需要和渴求就會消失。一方面極力想樹立自己大方、灑脫、不在意錢的形象；另一方面，內在又會因為金錢的損失而不舒服，就會下意識地想隱藏或者否認這個部分。所有的自我隱藏和自我否認最直接的辦法就是投射，當自己有金錢的清白感時，就會把「很計較錢」這個部分投射到伴侶身上，覺得是對方太計較、太在意了。當A指責B很計較錢時，A就自然站到了關係中道德的制高點上：

指責別人虛偽會顯得自己真實；

指責別人愚蠢會顯得自己聰明；

指責別人自私會顯得自己無私；

指責別人小氣會顯得自己大方……

一旦做出指責的動作（無論是在語言、行為上，還是僅僅在心裡腹誹），就成功地把我們不想自我面對的感覺丟到了對方身上。

如果能放下對「愛錢」的批判，大方、真實地承認自己是在意錢的，我們就有力量表達自己真實的需要，不會在伴侶面前呈現雙重資訊，更不會把自己不能接納自己的部分投

射在對方身上，讓自己的伴侶成為那個「壞人」。

當一個人處在這種分裂的狀態時，就會不斷地傳遞雙重資訊。身邊的人會非常混亂，不知道該針對你的表層資訊（我無所謂，我不在意錢）回應你，還是該針對你的底層資訊（我很在意，我很生氣）來回應你。而混亂會帶來不安，不安的時間久了就會產生疑惑和挫敗，自然會在關係中後退，兩個人心的距離就產生了。

承諾指的是為關係負責，為自己在關係裡的全部感受負責，包括自己對對方的感受。很多破壞性的衝突看似是一件事引發的，但是往往在這個衝突之前早就囤積了很多沒有被清理的負面情緒。像這樣的事情所引發的情緒太小，我們往往會忽視，但等到那些無法被忽視的、大的、如同潮水一般的情緒吞沒自己時，我們才會看到，才試圖轉化，但是已經來不及了。

關係中有清晰的界線：自己人，支持者，引領者，旁觀者，競爭者……關係的界線無論是在生活中、情感中，還是在工作中，都清清楚楚、明明白白。愛恨分明永遠好過恩怨糾纏。

所以，要感激那些直接拒絕你的人，這樣永遠好過那些含混不清的人，讓你產生希望，投入了生命中最寶貴的時間和注意力，最後卻精疲力竭、無所適從。結束或尚未開始都是最好的結果，因為那都意味著有新的機會。最糟糕的是從來都不確定是否開始，也無法肯定是否結束，在這種茫然中慢慢消耗掉寶貴的生命。

所以，當你面對這種與你關係模糊的「好人」而無所適從時，請一定要對自己真實，哪怕做一次「壞人」，也一定要表達自己真實的想法。如果對方依然執著地要戴著這副「好人」的面具無法自拔，那麼就請果斷地遠離他。

如果你自己有這種「好人癮」，也請真實地表達自己。帶著犧牲和委屈所維持的關係一定是危機四伏的，而關係中的另一個人永遠都不會知道自己究竟該如何面對你。你表現出來的迷人的無私和真實的自私會讓身邊所有真正想親近你的人感到混亂，然後是無力和崩潰。

其實，我們還有別的選擇。真正活得純然而綻放的人，完全擁有來自內心的力量感，而不是依賴任何外物。只有這樣，你才能與對方建立你中有我，我中有你，彼此連結，又彼此獨立，自由而又平等的親密關係。

如果你愛我

請你愛我之前先愛你自己
愛我的同時也愛著你自己
你若不愛你自己
你便無法來愛我
這是愛的法則
因為
你不可能給予
你沒有的東西
你的愛
只能經由你而流向我
若你是乾涸的
我便不能被你滋養
若因滋養我而乾涸你

本質上無法成立
因為
剝削你並不能讓我得到滋養
把你碗裡的飯倒進我的碗裡
看著你拿著空碗去乞討
並不能讓我受到滋養
犧牲你自己來滿足我的需要
那並不能讓我幸福、快樂
那就像
你為我戴上王冠
卻將它嵌進我的肉裡
疼痛我的靈魂
宣稱自我犧牲是偉大的

那是一個古老的謊言
你貶低自己
並不能使我高貴
我只能從你那裡學到「我不值得」
自我犧牲裡沒有滋養
有的是期待、壓力和負擔
若我沒有符合你的期望
我從你那裡拿來的
便不再是營養
而是毒藥
它製造了內疚、怨恨，甚至仇恨
我願你的愛像陽光
我感受到溫暖、自在、豐盛、喜悅
我在你的愛裡滋養、成長

我從你那裡學會無條件的給予
因為你讓我知曉我的富足
與那愛的源頭連接，永不枯竭
永遠照耀
請愛你自己吧
在愛他人之前先愛自己
愛自己不是自私
犧牲自己並不是愛的表達方式
愛的源頭就在那裡
然而，除非你讓自己成為管道
愛不能經由你而流向我
你若連結
愛會滋養你我雙方
你若斷開連結

愛便不能經由你而流向我
你的愛便不是真愛
而是自我犧牲
然而，那不是我想要的
愛自己，是生命的法則
除非愛自己
你不可能滋養到別人
我願意看到充滿愛和滋養的你
而不是自我犧牲的你

因為，我也愛你
我愛你
必先愛我自己
否則，我無法愛你
而你，亦當如此
生命的本質是生生不息的流動
生命如此
愛如此
請藉此機會好好愛自己

——維琴尼亞．薩提爾
（*Virginia Satir*）

真實地做自己不會破壞關係，幼稚才會

用非黑即白來回應世界的方式是小孩子的方式，小孩子是真實的，同時也很容易讓人感覺殘酷。《奇蹟男孩》裡一出生臉部就有缺陷的奧吉說：「相對於面對成年人，我更害怕面對小孩子，因為他們見到我都會害怕，但小孩子不太會掩飾。」

非黑即白的溝通方式更像是詭辯

有位學員問我：「老師，我這人說話很直，這樣很破壞關係。為了和諧關係，我壓抑自己去接納，又覺得很難。到底要不要做真實的自己？」

人心智成熟的重要標誌之一是超越二元對立的狀態。二元對立的思考方式是一個無處不在的陷阱，這種思考方式會讓人變得善於詭辯，讓身邊的人陷入深深的無力感中。更重要的是會自我蒙蔽，完全看不到自己的盲點。

這讓我想起，小時候被媽媽狠狠地責備時，我很委屈而不服氣地說：「你就不能態度好一點跟我說嗎？」

我媽會回一句：「難道還要我跪下來求你嗎？」十幾歲的我就會被堵得說不出話來。詭辯會讓身邊的人感覺很不對，卻抓不到一個顯而易見的破綻可以辯駁。

身為導師，我常常會面對有這樣思考模式的學員。比如，當我提醒很多做父母的人「學會接納孩子，信任孩子」時，他們會說：「哦，周梵老師，你的意思是不要管他們，對吧？」蒼天在上，我從來都沒有這麼說過。

這種用非黑即白來回應世界的方式是小孩子的方式，小孩子是真實的，同時也很容易讓人感覺殘酷。《奇蹟男孩》裡一出生臉部就有缺陷的奧吉說：「相對於面對成年人，我更害怕面對小孩子，因為他們見到我都會害怕，但小孩子不太會掩飾。」

只有小孩子才會直接對一個人說「你好老啊」、「你好醜」、「我討厭你」，只有他們才會很喜歡問大人電視裡出現的那個人是好人還是壞人。把事情分成兩種是非常簡單的，對心智要求不高，但要同時看到並接納一個人身上的複雜性和多元性就要難得多了。遺憾的是，很多成年人雖然在生理上已經成熟，但在心智上並沒有比他們五歲時有本質上的進步。

成熟跟年齡沒有關係，和技能也沒有關係。他們可能懂得高等微積分，或者擁有會計師執照，又或者精通五門外語，但在心智的另一個層面的發展可能是完全停滯的。即使我們的父母可能是高級工程師，或者大學老師，他們已經五六十歲了，你也依然可以看到他們身上幼稚的部分，而且通常這個部分也只有最親密的人才能看得到。所以，他們沒辦法教會孩子成熟地回應世界的方式也不奇怪了。

二元對立的思考方式所帶來的問題就是人們的生命就像鐘擺一樣，只能在兩個極端跳來跳去：

要麼壓抑什麼都不說，要麼爆發，口不擇言；

要麼控制，要麼放棄；

要麼捆綁共生，要麼隔離、疏遠。

所以，在這些人的關係中，要麼討好別人，要麼得罪別人，再也沒有別的可能性了。如果實在還要加第三個選擇，那麼就是割裂自我，不再認同自己真實的需要，而不斷去否認或淡化它。這更像是「偽佛系」狀態，透過製造距離來消弭在親近的關係裡求而不得所帶來的挫敗感。

成熟意味著看到另一個人的多元與複雜

我想說的是學會掌握第四種選擇。

真實地做自己當然是說出內心真實的想法。思考和情緒是量子般的存在形式，是物質世界無法感知到的，但語言則是思考和情緒在物質世界的表現形式。如果你一旦發現做真實的自己會得罪別人，那麼就意味著在說話之前，你的思考和情緒本身就有攻擊性的能量。在這種前提之下，你要麼必須說假話，違心地表達才能維護好和諧的關係；要麼說真話，但會得罪別人，破壞你與他的關係。陷入尷尬的兩難境地自然在所難免。

比如，你有位體型比較胖的女同事。有一天，她穿著一套貼身的連衣裙走到你面前，帶著些許興奮和期待問你：「這是我剛買的，怎麼樣？」

你看著她穿出來的樣子，無論是身型的曲線還是贅肉的曲線，都層層疊疊，盡顯出來。遇到這種情況，大多數人會覺得很為難，要麼真實地做自己，實話直說「你穿這樣更顯胖，不好看」，要麼違心地說「還不錯，蠻好看的」。

然而，你還可以說：「這件沒有你上個星期穿的那件寶藍色套裝好看，那件比較凸顯你俐落的氣質，而且很修飾你的線條。相比的話，我覺得你比較適合那種風格。」

你看，這樣講既說了實話，對方的感受又不會太差，而且你也真實地給出了你的建議。

這不是一個技巧問題，而是生命狀態的問題。一旦把它看作是社交技巧，這種表達就會流於膚淺而僵硬。能真誠地說出這樣話的人的內在一定是中正而多元化的，他不會輕易批判一個事物絕對的美醜、好壞、善惡……他能超越單一的價值觀，而且對他人充滿善意和發自內心的尊重。這種狀態一定是貫穿於這個人的生命背景的，而不是為了說出得體的話而生硬地編湊出來的。如果平時內心就是刻薄而單一化地感受世界，遇事便想臨時抱佛腳地表達善意或欣賞，那種好像在偷穿別人衣服的尷尬感就會出現。

所以，重點不在於語言，而是能量。如果「能量」這個詞大家覺得太玄，那麼我換一種表達方式好了，我們可以叫它「起心動念」。這就是為什麼「慎獨」如此重要。「慎獨」最早出現在《中庸》：「莫見乎隱，莫顯乎微，故君子慎其獨也。」在沒有人看見的情況下依然留意自己的行為，而這個行為不僅是可見的外顯的層面，連內心的思想起心動念這個更精微層面的行為都有所警覺。

在我的公司裡，團隊的夥伴都知道，周梵要求大家不僅不能說別人的壞話，而且連想都不能想。這無關乎道德，而是為了守護好自己的能量狀態，因為所有起過的心念都是一股能量，都會留存在潛意識裡。正向的念頭會助人助己，負向的念頭自然也會傷人傷己。

世界就是自己的投射，如果真實地做自己、表達自己，就會得罪別人，這就透露出一個重要的資訊：在某個層面，你和自己的關係是不好的。人格背景裡那股尖銳的攻擊性的能量一直都在，所以一旦放開社會人格的偽裝而真實起來，這股能量就會噴湧出來，讓別人感到不適。更重要的是，這股攻擊性的能量在用語言表達出來傷害別人之前，它已經留存在你的意識中多年了。它如同緩釋膠囊一樣，不斷地釋放出否認、懷疑、責備、羞辱……這樣的能量一直在傷害你自己。不然，你以為那些突如其來的憤怒或者突然襲來的無力感、無意義感是從哪裡來的？

成熟的標誌就是尊重不同的文化、不同的價值觀，放下那些個人化的標準，平和地看這個世界的多樣性、看一個人的複雜性。同時，不會因為看到一些負面的事情而驚慌失措，甚至大失所望，或者憤憤不平、心灰意冷，覺得世界辜負了自己的美好期望，而是藉由這些線索看到自己的盲點，看到自己成長的方向。

當你進入一個更高的思考次元——這個次元可以覆蓋不同的價值觀。在高次元世界，你獲取的資訊、能看到的美、體驗到的豐富性將完全不同。

不要為了安撫自己或家人而找人結婚

如果你還會被你的原生家庭影響，因為他們的催促而引發你內在的焦慮或愧疚，其實只有一個原因：你沒有進化，或者說進化得不夠澈底。不要為了安撫他們的焦慮和恐懼而將就自己的生活，去開始一段乏味的婚姻或是一份無趣的工作。

骨子裡的匱乏感往往承襲於原生家庭

父親去世以後，我鼓勵媽媽再找一個男朋友試著去交往，看其是否能成為合適的老伴，但是她總是有很多顧慮。

她單身了好長一段時間，一次我跟她聊這件事，她說：「我這把年紀很難再找到合適的了，年齡合適的很少有單身的，還有……」總之，跟我分析了一大堆原因。

我說：「不一定非要找比你大的呀，比你小的也可以啊。我的朋友，那個 XX 的媽媽，就找了一個比她小七歲的男朋友。」

我媽立刻說：「那只是少數，特例。」

孩子跟父母說：「我想學畫畫，當藝術家。」

這時，很多父母會對自己的孩子說：「這事很難做，養不活自己的，還是踏實點，做些安穩的事吧。就算有人能做成，都是極其有天分的人，但那個人肯定不是你。」

這就是骨子裡的匱乏感，簡言之，他們深信：世界上不會有那麼好的事情發生；就算發生了，也跟我無關，並且會很自然地把這種匱乏感投射在自己的孩子和其他與之關係親密的人身上。

我們父母那代人，幾乎人人都有很強的匱乏感，而且這種匱乏感絕不僅僅是在金錢方面，而且是在生命的很多領域都呈現了出來。

而匱乏感強的人，配得感※必定會很弱。（*配得感：認為自己值得被認可，值得去享受更好的東西。）配得感弱就很容易有各種糾結，因為內心深處渴望美好的東西，但又不敢真正去要、去爭取，自我認同中不相信自己可以（值得）擁有好東西。

在我的《弄丟自己的你，過得有點辛苦吧》這本書中，第一個故事的主角蘇卉就是這樣一個人。她因為內心的配得感不夠而放棄最喜歡的人，退而求其次地找到一個次佳的，但會讓自己安心的人結婚，過著不甘心又有各種糾結的生活。

匱乏感是最容易在無意識狀態下從原生家庭承襲的。

這是我們的生活很難有突破的一個很重要的原因，父母留下的存款數量本身並不會影響三十年後你的銀行存款，但把你鎖定在和你父母同一個生活層次的是你，你將毫無差別地全面接收了他們的思考方式。

匱乏感很強的人有以下兩種狀態：

一種是陽剛性狀態

這時，他們盡力占取更多。陽剛的一面呈現時，他們就防禦被掠奪和主動掠奪。這些人的注意力永遠都在外面，他們對自己能創造出新的資源和新的機會沒有絲毫的信心（也沒有興趣）。

他們的注意力絕不會放在自己身上，不會讓自己去成長、去創造，而是永遠關心別人的一舉一動，嚴防死守。彷彿別人只要多得到一分好處，那一分都是從他們身上剜下來的肉，所以他們也是被嫉妒心折磨得最多的一群人。

比如，匱乏感很強的父母，看到鄰居家的女兒結婚了，心裡就會不是滋味，覺得別人家女兒又把一個適齡的單身好男人搶走了。自己家女兒還沒有著落，現在機會又少了一點。如果看到自家孩子還一副不著急的樣子，就怒火攻心，覺得自己家孩子不如別人家孩子積極！

當他們下次有機會跟自己家孩子見面或通電話時，自然會不由分說地表現出自己的匱乏感和焦慮：

「再不找人，好男人都被別人挑光了！」

「婚姻對一個人是很重要的！尤其是女人！」

另一種是陰性狀態

有時他們的匱乏感以陰性狀態呈現。這時，他們會盡力避免衝突、避免失望，會壓抑和退讓。比如，當那些自己的婚姻不幸福，覺得伴侶讓自己失望的人，萌生想離婚的念頭時，最先阻止的也是他們。此時，他們會說：

「算了，跟誰結婚都一樣。」

「你離了，怎麼知道不會遇到比這個更糟的？」

有多少人毫不質疑地接受了這些信念，並以為這就是世界的真相？

這種認為機會和資源是「稀少有限」的匱乏感是從我們的祖輩那裡傳承下來的，一代又一代，現在又傳到了我們這代人身上。並且，還有很多家庭正繼續往下一代傳遞著。

這些信念並不是世界的真相，但對我們的父母來說，這確實是他們的真相。而當我們毫不質疑地接受這些想法時，這些就會變成我們世界的真理。

這些思考方式以及其所帶來的對世界的感覺和自我感，會變成我們人格的基本背景。於是，我們會在此基礎上思考、反應、表達、行動、做選擇，好像我們有做選擇的自由，或者表達和思考的自由。

但是，只要你的人格背景被固定下來，其實你所有的選擇就都只能在這個框架之內了。

你以為你做了選擇，但你的原生家庭對你的影響已經在不知不覺中形成了你的人格背景。其實，在你選擇之前，已被固定的人格背景注定了。你只能做出這個選擇，根本無法看到其他的可能性。

在我們古老的文化裡，這個人格背景還有另一種說法——命，而匱乏感就是其中一個非常不為人覺察的背景。之所以叫背景，是因為它「瀰漫」在你生命中所有的方面，就好像你戴上一副灰色的眼鏡，而且你不知道你戴著它。

無論你是往上看還是往下看，你所感知到的世界都在你不知覺的情況下被過濾、加工過了。於是，你自然會認定灰濛濛的樣子就是這個世界的全部真相。

匱乏感分為以下三個層面，三位一體地全方面覆蓋著我們的生命，即：資源的匱乏、愛的匱乏和時間的匱乏。

尋找優秀伴侶，是一種機會，更是一種可能性

那些對愛不停索求，或者總是在急躁狀態中的人，都跟愛和時間的匱乏有關。我就不

在這裡討論了，我們主要來談談資源的匱乏感。

資源包含顯性的資源和隱性的資源，比如，金錢、能源（石油、煤礦等）、名貴的物品（珠寶、藝術品等）都是顯性的資源，工作機會、人脈、曝光機會等是隱性的資源。尋找優秀的伴侶，屬於隱性資源的一種。這是一種機會，一種可能性。無論是顯性資源還是隱性資源，一旦我們有了匱乏感，就會形成一種錯覺，認為資源是一種固定的、有限的存在：別人獲得了，資源就會相應地減少了。

這時候，我們自然會聚焦在在爭取資源上。卻不明白，事實上資源並不是一個常量，而是一個變數，這個變數取決於「自己」。我們雖然都生活在同一個地球上，但是每個人都活在不同的世界裡，你的人格背景是怎樣的，你就擁有怎樣的世界。

你身邊的人都是有那種相同屬性的人，比如，同樣的匱乏、同樣的焦慮、同樣的固執、同樣的乏味，或者同樣的自信、同樣的豐盛感、同樣的好玩。

從外在可觀察到的人和人的差異可能是收入、圈子、愛好、健康狀態、情緒狀態、婚姻狀況等的不同，但這些表層特質的差異之下運作的動力，都是人格背景的差異所造成的。

當一個人開始成長而不斷重新洗刷自己過去的人格背景，所帶來自身能量狀態的變化時，他能感知到的世界是完全不同的。當然，他也能發現這時候身邊的人完全不同了。所謂「道不同不相為謀」裡的「道」，實質就是指不同的能量層級。

不管是夫妻還是朋友，會享受彼此在一起的前提，就是可以在同一個層面溝通和碰撞，聽得懂彼此在說什麼，並能給予回應。有碰撞、有火花，有啟發、有共鳴，有分享、有回應，這才是建立一段關係的樂趣所在，否則對雙方都是折磨。

比如在電視劇《我的前半生》裡，我實在無法想像，現實中如唐晶這種極其重視自我成長和高效率的人，怎麼可能花那麼多時間去容忍羅子君在她開會期間、加班後回家休息期間，占用她的時間和注意力，聽她抱怨？

而且，在工作中果斷、幹練，在自己的原則面前寸土不讓、和上司據理力爭的唐晶，又會沒有一點界線地一次又一次地動用自己的工作資源，幫羅子君去調查小三的背景？

就像霸道總裁愛上「瑪麗蘇」※的情節一樣，這些情節並不會出現在一個真正想講好一個邏輯通暢的故事裡，只可能出現在只想鑽研那些逃避現實的觀眾想看什麼，而用來討好這些觀眾好賺收視率或票房的影視作品中。（＊瑪麗蘇：Mary Sue，通常用來表示影視作品當中，原本平凡而低微卻突然變得無所不能、過度理想化的角色。）

如果你不想躲在虛擬的世界中幻想自我安慰，而是真正想在現實生活中突破原生家庭帶給我們的匱乏感，打破原來的人格背景，那唯一能幫到你的只能是——進化！

進化需要依靠強大的學習力和冒險精神（也是行動力），不斷學習，同時放下焦慮和擔心，勇敢去做一些在過去陳舊人格背景中不敢想、不敢做的事情，並用行動來加強和鞏固新的意識狀態。

當你進化到一個不同的能量等級時，你將會看到資源是無限的。因為當你所處的位置和視野改變時，你就能看到有別於過去視野的可能，並不斷加強這種可能，直至變成你世界的現實。

就像毛毛蟲和蝴蝶。在毛毛蟲的層次，最好的配偶資源就是那些爬得最快的毛毛蟲，毛毛蟲可能會和其他的毛毛蟲為了那隻爬得最快的毛毛蟲而爭得頭破血流。

其實，你根本不需要參與這場戰爭，你只需要專注地讓自己進化成蝴蝶。當你飛上天空時，你才能看到原來漫山遍野飛舞的全是蝴蝶，只是這個景象是你做毛毛蟲爬在樹枝上時想都想不出來的。

如果進化得夠澈底，相較於過去的你和你的家族，你會成為一個和他們完全不同的全新的「物種」。

這時，他們的處事規則已經和你無關了，也完全不會影響到你了，因為毛毛蟲的規則只適用於毛毛蟲，不適用於蝴蝶。

如果你還會被你的原生家庭影響，因為他們的催促而引發你內在的焦慮或愧疚，其實只有一個原因：你沒有進化，或者說進化得不夠澈底。不要為了安撫他們的焦慮和恐懼而將就自己的生活，去開始一段乏味的婚姻或是一份無趣的工作。

這種對自己生活的委曲求全，是不會讓你的家人幸福的，只會牽扯進來更多的人一起不幸，我們並不需要愛得這麼悲壯。所以，你需要做的，是把他們的恐懼和限制性信念在你這裡過濾掉，讓你自己不斷進化。

當你成為蝴蝶時，你吸引的自然也是蝴蝶，並開啟絢爛的生活。更重要的是，在你蛻變的過程中，你將會對你的毛毛蟲家族展示一種全新的可能性。由此，在他們準備好時，也將會追尋著你的足跡讓自己蛻變。難道還有什麼比這更有價值的愛嗎？

用來控制別人的東西，都會反過來控制自己

痛苦是極有誘惑力的，很多人都會以講自己的悲慘故事來獲得愛。

一旦習慣了這個角色，你就會越來越習慣這個視角，甚至連你的身體機能都會被改變。隔一段時間，如果沒有一點受害的情緒，身體就會不適應。所以，人們發現，很多人隔一段時間就要鬧出一點事，情緒爆發得非常規律，頻率很穩定。

弱小的人更會操縱

透過削弱自己的力量這種方式來得到愛，在生活中是非常常見的模式，而且不分男女。我們習慣以高度的道德標準來要求人、評斷人。當一個人實在不願意再付出，想要理直氣壯，而且可以反控制別人得到愛和關注時，只有一個方法——生病。這基本上是最有效地獲得愛、拒絕他人的正當理由了。

文清在一家公司工作將近十年了。在最初的那兩年，她還充滿熱情，但慢慢地，這份熱情就消磨得差不多了。

幾年前，文清做過一次大手術，後來很長時間身體都不是太好，還時不時需要去醫院回診追蹤，所以需要頻頻請假。而部門的主管、同事都知道她的情況，也算很照顧她。即使有時文清是有別的事情，但只要她說身體不適需要請假、需要休息，主管基本上都是有求必應。而文清雖然對工作有頗多不滿，但衝著這點「福利」，她也覺得還算能找到平衡，也平穩地待了好幾年。

有一次在課程中，文清跟我說，不知從哪一天起，她突然意識到這份平衡被打破了。工作的單位讓她越來越不開心，她覺得那個地方讓她越來越壓抑。

因為她透過不斷地自我成長，開始更積極地調整情緒，並且開始健身和做瑜伽，身體狀況越來越好，但她發現只要去上班，就必須維持「身體不好」的自我形象。她發現她不敢在同事面前中氣十足地說話，甚至不敢爽朗地大笑，必須保持病懨懨的姿態。

她很擔心一旦表現得健康起來，她再也不能像以前那樣自由地請假了，或者同事們會懷疑她過去身體不好的樣子根本就是一個謊言。這個「身體不好」曾經是文清的資源，是她在自己的工作環境換取時間資源的有效手段，然而現在這份特權變成了阻礙。

她在朋友或家人面前是健康、自信的，但只要一去公司就要表現出和現在的自己完全相反的樣子。她說感覺自己現在真的裝得好累，而且一旦進入那個病懨懨的狀態，那種無精打采的感覺就越來越真實了。她覺得自己很分裂、糾結，並且因此非常抗拒工作。

我提醒她：「你為了得到那一點特權所付出的代價太大了，那個代價是你付不起的。用病痛或弱小來控制別人，最後你會被病痛和弱小本身所控制，成為它們的代言人而永遠都無法脫身。」

真正的臣服是勇敢地做回自我

接下來，我們來重點談談很常見的，透過削弱力量來控制他人的兩種方式。

第一種：我痛苦了，你們都來陪啊

在很多人的內在意識中都認同「如果親近的人在受苦，我必須陪對方一起受苦」。這幾乎是我們的集體意識。例如，父母去世，身為孩子不能立即婚嫁、不能歌舞，甚至不能笑或者流露出一絲喜悅之情。你如果表現出高興的樣子，就是不孝，就會被譴責。

在過去，你早就把自己活得面目全非了，把真正的自己遺失了，活在一個為討好主流文化而構建的虛假面具人格中。

第二種：我這麼痛苦，你還不愛我

痛苦是極有誘惑力的，很多人都會以講自己的悲慘故事來獲得愛。

一旦習慣了這個角色，你就會越來越習慣這個視角，甚至連你的身體機能都會被改變。隔一段時間，如果沒有一點受害的情緒，身體就會不適應。所以，人們發現，很多人隔一段時間就要鬧出一點事，情緒爆發得非常規律，頻率很穩定。

從另外一個層面來說，因為身邊有個看起來比你還痛苦的人出現，會大大地滿足小我被需要的需求。

痛苦的人身上有某種特別的吸引力，這種吸引力只對有「拯救者情結」的人才奏效。面對帶著悲情色彩的人，會讓拯救者感到心疼和不捨，因而滋生想要拯救對方的動力。

有些人總陷在複雜的情感關係中，他們在某方面看起來是很好的人：負責任、上進、沉靜、聰明……但在更隱祕的個人情感層面，卻顯得幼稚和混亂。他們總會有意無意地陷入各種情感糾葛裡，同時和不同的人保持曖昧關係，甚至很多時候他們自己也覺得應付這些情感好累，卻停不下來。

需要提一下，雖然男性和女性散發性吸引力的方式可能會有其性別的偏好（他們具體使用的方式可能不同，比如透過身體、語言或是一些不經意的小動作來散發性吸引力），但這類人是不分男女的，他們唯一的共同點是內心都有巨大的空洞，缺乏來自內心深處的自我確定感。他們安全感弱，自我價值感低，把自我價值建立在他人對自己的迷戀上。

為了「填洞」，他們發展出較強的性吸引力，用現在的流行用語就是「撩」的能力。這樣，他們就可以搜集到很多很多的愛，來填滿自己內在的空洞，哪怕滿足只是暫時的。他們無時無刻不在釋放著誘惑的訊號。

他們可能會說：

「這些話我只能對你說。」

「我只有跟你在一起的時候，才不會覺得孤獨。」

「你是唯一讓我覺得有安全感的人。」

這種表達方式十分能夠滿足拯救者獨特性的需要，會讓拯救者滋生出一個極具蠱惑性的念頭：我是那個對他意義不一樣的人。

聖母（英雄）的角色還是很有吸引力的，為了證明「我是那個可以改變他的人」，一批又一批的拯救者前仆後繼，成為這些情感遊戲中的殉道者。

判斷這些表達是真的情到深處的告白，還是某種巧妙的誘惑，其實有個很直接的方式——去信任自己的感覺。如果是前者，你就會感覺到對方想靠近你。當你真的靠近時，他是在那裡的，他會給你回應和紮實的感覺。如果是後者，你就會感覺到對方總有一種在又不在的感覺。他似乎希望你靠近，當你真的靠近時，他又會突然閃開。當你真的失望地準備放下時，他又會突然冒出來給你希望。跟這樣的人在一起，你不會有踏實的感覺，你會一直處在被吊在半空中，上也上不去，下又下不來的尷尬境地。

這也是受害者角色這麼有市場的原因，有拯救者就有受害者，有人買單，還愁玩不下去？

再回到文清的故事。

我們溝通過後，她意識到她不想付出這樣的代價。從那之後，文清再也不留戀過去擁有「特權」的日子了。她告訴主管，她現在身體已經完全恢復了，謝謝主管和同事們過去對她的照顧和支持，以後不用再特別照顧她了。

她終於可以在同事面前表現得容光煥發和精力充沛了，也願意承擔更多責任。同時，她也更加投入和帶著熱情去完成自己的工作了。

控制別人這件事有點像賭博，都是帶著投機心理期待短期見效以小博大的事情。一旦嘗到一點甜頭，就會越玩越大，直至賠上身家性命。

文清能及時收手，而且是去勇敢地面對自己一直以來所逃避的功課。可是，很多人卻在這條路上一去不回頭。

就像那些在家庭中脾氣暴躁的人，他們並不是天生這樣的，只是某一次他發現透過發脾氣或者暴力的方式達到了效果，就迷戀上這種輕鬆拿到成果的感覺了。

就像那些第一次對孩子發脾氣的父母，他們發現狠狠發完脾氣之後，孩子真的會變乖，所以以後每次都會用這招。每次感到失控就發脾氣，讓什麼溝通、接納、自我成長都算了吧。

可是，慢慢地就會發現，每一次效果的有效期越來越短，直至完全無效的那一天。

當一個人意識到這個方式好像有問題，想控制住自己的脾氣時，他已經很難做到了。發現除了發脾氣，他什麼也不會做，這種方法成為他唯一的方法，而且成為一種自然反應。此時，這個人就澈底被自己的脾氣所控制了，雖然最初他只是想利用這個憤怒的情緒來控制別人。

所有的控制都是基於擔心，這是一種恐懼的能量。帶著這種瀰漫的恐懼感，就永遠都無法看到自己內在所蘊含的無限力量。他們沒有意識到自己才是命運的創造者，而總認為自己只是命運無辜的承受者。

人們總是試圖透過控制來對抗命運，然而他們不知道，正是他們控制的這個動作促成了那個他們一直在逃避的命運：

- 怕孩子以後不夠優秀而不斷鞭策孩子，逼迫孩子去上各種補習班的父母。
- 為確保伴侶忠誠，各種「追魂奪命 CALL」，需要隨時了解對方的動態，或者經濟方面的管控。
- 為了怕合作夥伴以後玩小把戲，提前進行各種限制、各種條款約束。

正是這些控制的動作促成了孩子討厭上學、缺乏自信，伴侶想要逃離而出軌，合作夥伴感到心寒，於是在更好的條件來臨時毅然離去。

觀察本身就是參與創造的一股力量，你對未來的假設或傾向也是你的觀察視角。例如，如果你對未來充滿焦慮感，那麼焦慮本身也是一種觀察。當然，我們也可以把它稱為「推測」，或者「假設」。假設和推測是一種傾向，這種傾向代表了一種立場，其實也是一種觀察的視角。如果你對未來長時間帶著這種「焦慮」的觀察視角，那麼你就必然會創造出符合這種視角的未來。

當事情的發展沒有符合你的預期時，試著放下控制，臣服於當下。所謂「臣服」，不是消極的態度，不是懦弱和委曲求全，而是放開個人的好惡。個人的視角受到養育者和當前社會文化的制約，往往有極強的局限性，而這局限性卻不被當事人所覺知。不再輕易地認定這事的好壞、對錯，而是讓生命做主。

擁有傳奇人生的億萬富翁，同時也是靈修者的麥克．辛格在《臣服實驗》這本書裡寫道：「真正的臣服是勇敢地放開自我，全然擁抱當下的變化。然後，我們會看見生命所安排好的、種種出乎意料的驚喜。」

事實上，臣服比控制要難很多。有時候，我看著我們家兩個孩子起了衝突，我知道小的那個多半要挨打了，但是還是要忍住想衝上去幫忙的衝動，允許事情自然發生。看著姐姐一巴掌打過去，我所做的只是去安撫妹妹，並且接納姐姐。

我知道這一刻的發生是有必要的。妹妹需要學習什麼是界線、跨越了他人的界線會如何，而姐姐也需要面對自己憤怒衝動下的懊惱感。而她們也會透過從衝突到和好的這個過程，增強很多重要的人際相處的能力。

事情自然發生對她們的價值遠遠大過我強加干預、避免衝突所帶來的那一丁點好處。事實上，越有力量，接納和臣服的範圍就會越大。反之，任何事情都需要干預和控制。

麥克·辛格還在他的書裡談道：「我們都抗拒改變。即使命運之手已經在敲你的房門，製造一些機會讓你做出改變（也就是成長）了，你也可能抗拒它，未能將自己的生命活到淋漓盡致的地步。」

學會改變自己的模式，放下控制，學習信任和臣服。給身邊的人自由，你才會獲得真正的自由。而只有在自由的前提下，你的無限潛能才有可能被發展。迎接目前生命中所發生的事情，無論它看起來怎樣，都正面迎接它、接納它。

最後，把麥克·辛格的一句話送給大家：「多年來，我一直在努力擺脫內在那個始終堅持事情都要按照自己想要的模樣呈現的軟弱之人。」

不要讓自己成為過度付出者或過度索取者

終極的真相是意識到影響你生命中一件又一件事情的，其實只有唯一的作用力，那個作用力就是你。

每件事都有你在場，你都在把你內在的意識背景投射在你的外部事件中，影響它們運作的軌跡。你自己的意識框架如果沒有發生改變，外部的事件就不會有本質上的變化。

用力愛，是為了填補匱乏的自愛力

梓琳的男朋友魏松最初追她的時候，真的對她非常好，各種大大小小的貼心暖舉。每天到家裡來接送她去上班，其實她家到公司的距離並不遠，反倒是男朋友這樣接送，每天來回需要花上三四個小時，甚至梓琳都說不用這樣了，對方卻仍然堅持。這樣過了幾個月，她被感動了，然後他們就在一起了。

但是，當他們在一起之後，這個男人卻和之前不一樣了。而且，梓琳發現他有非常強的控制慾，而且非常喜歡翻舊帳。魏松總是問梓琳：「你和你的前男友真的沒有聯繫了嗎？你真的一點都不想他了？你怎麼總是在加班？你是不是嫌我煩？」

因為這樣的原因，他們三不五時地吵架，而吵架的原因也沒有太多的新意。就這樣分分合合糾葛了好幾年，旁邊的人看他們談戀愛都累。其實，會鑽牛角尖的絕不僅僅是女人，男人也一樣。鑽牛角尖是沒有安全感、低自我價值感的人的專利。

梓琳在跟我抱怨她男友的各種鑽牛角尖時，我問她：「當初，你會跟他在一起不正是因為他的世界裡只有你，你是最重要的，甚至比他自己還重要。他給了你足夠的重視和安全感，這不正是你需要的嗎？

「如果你真的遇到一個可以把自己的生活安排得豐富多彩的人，他的世界裡有很多重要、好玩的東西，你在很好，你不在也沒關係，這樣的人當然不會控制你，不會讓你感覺到有壓力。這樣獨立的人，即使很有魅力，你也真的願意跟這樣的人在一起嗎？或者說，你跟這樣的人在一起會安心嗎？你會有信心嗎？」

梓琳老實回答：「不會。我會擔心對方不需要我。在這樣的戀情裡，我會不安，覺得Hold不住。」

梓琳雖然看起來漂亮、能幹，但實際上她的自我價值感並不高。一個人愛自己的程度和他所擁有的東西（容貌、職業、收入和學歷等）其實沒什麼關係。在情感方面，這樣的人就特別需要一個用力愛自己的人來填補這種自愛力的匱乏。

所以，他們需要被感動。為了得到確信感，他們會需要很多很多證據。順理成章地就很容易會吸引一個在關係裡過度用力的人。在關係的早期，他們所表現出來的是不分大小事統統圍著你轉，甚至不惜丟下自己的生活，把你當作自己生活的全部。那些還想經營自己生活的人是承受不住這種期待壓力的，他們會選擇離開，只有把自己弄丟的人才會留下。

於是，他們很容易吸引另一類人——過度付出者。

這種不計成本的付出往往並不是他們已經強大到真的可以完全不在乎了，而是在用這種付出去索求愛和安全感。所以，只要梓琳的內心狀態沒有改變，只要她依然有低自我價值感，她就必然會吸引和她一樣能量頻率的人。只不過，表現出來的具體行為不同而已。

魏松之前吸引梓琳的正是他不計成本的付出。魏松的低自我價值感讓他在關係裡變得卑微，所以才不斷自我壓縮，無法停止過度付出。只有這樣，他才會感覺到自己是有用的、是有價值的、是被需要的。

這樣的人自然不會也不敢表達自己真實的需要和感受，沒有力量跟對方溝通，明確表示自己的界線。

於是就這樣付出著、犧牲著、隱忍著、壓抑著。要麼來到一個臨界點，他們終於受夠了，以某種戲劇性的方式毫無徵兆地突然把所有的愛全部收回，以極其決絕的方式表達自己的憤怒和決心。然後，關係中的角色就調轉過來，壓迫者變成被壓迫者，奴隸變成了主人。或者像魏松這樣，開始變得敏感、惶恐，不斷地控制、試探，試圖拿回更多的掌控權。

親密關係的這個階段是成長必須經歷的。對方突然收回所有的愛，這對身邊那個已經習慣「被付出」的人來說，是一個很大的衝擊。這個人要突然從依賴的接受者變得獨立起來。

對於梓琳和魏松這種戀愛模式，梓琳需要學習的是更多地尊重和接納，減少平時對魏松的責備，放下自己的優越感，不再執著於自己必須處於優勢地位的關係格局。只有這樣，魏松才會真的感受到安全、放鬆。

不過，這是一個讓雙方都能在給予愛和接受愛之間好好地學習平衡的過程，兩個人角色的調轉也是有必要的。有時候，我們確實需要在兩極都體驗一下，才能回到中間的中正和平衡。

成熟的愛沒那麼戲劇化

人們要學會的是成熟而智慧的愛。成熟的愛沒那麼戲劇化，是尊重，是給彼此空間，是彼此獨立又相互支持。不會過度付出，讓自己在關係裡透支，會溫柔而堅定地表達自己的界線，同時也會在對方真正需要的時候適時地給予對方支援。

當然，並不是所有人都有智慧讓傷痛變成養料供自己成長。當過度付出者「受傷」之後，會轉向另一極變成過度封閉者，卻因為缺乏有深度的自省能力，而固化在那一極的位置上。

很多人在情感關係中受傷之後，就澈底在愛情這個領域收回希望了（不是不想要，而是害怕了）。於是，他們關閉自己的內心，對自己說：「還是努力工作吧，只有工作不會辜負你，你付出多少就會有多少回報。」

聽起來似乎很有道理，對吧？但是，他們忘記了很重要的一件事：工作中也有人，也要建立關係。當這些人真的讓自己一頭鑽進工作中時，他們會把原來的模式原封不動地帶進工作場景中去，因為自己的信念沒有變、性格沒變，他們所創造出來的關係模式就不會改變。只不過是換個對象、換個場景，但底層的故事結構仍舊是一樣的。無論他們的個人能力有多出色，他們還是會再一次體驗到在工作中被辜負、受傷、不被理解或是被放棄的感覺。

當相同感受的故事一次又一次發生時，他們是看不到自己生命中這些事件彼此的關聯的，而只是完全對外歸因。比如，命不好，運氣不好，這個社會太黑暗了，或者就是不能對別人太好，太好了會吃虧。

這種加強黑暗的信念，以掩蓋自己的錯誤來彰顯自己的無辜。我所有不好的結果都只是因為我「人太好」、「我用情太深」、「我為人太耿直了」、「我太傻、太天真了」，或者用完全否認整個群體的方式來消解內在的無力感：

「男人沒一個好東西。」

「女人都喜歡犯賤，對她們越好越不要，就喜歡壞男人。」

「男人靠得住，豬都能上樹。」

「女人都很現實，只愛錢。」

這種把整個群體都否認的認知是愛情挫敗之後很常見的反應，因為如果要承認「並不是所有女人都這樣，只是我碰到了」，那麼就意味著只要繼續尋找就有遇到良人的可能性。但是，因為這在本質上是自己的性格問題，所以總是在關係中感到無力和疲憊。如果給自己太多希望，又沒有力量去嘗試，會帶來更大的挫敗感，而小我的本能就是逃離挫敗感，自然就會用這種歸因方式了。這種歸因方式是最容易導致「愛無能」的，因為他們並不想去學習成長而以此改變自己。

更有智慧的觀察方式是意識到任何事都不會是偶然發生的，都是有因果關係的，他們能找到事情之間的聯繫，看到第一件事是如何影響第二件事的，第二件事又是如何影響第三件事的。能看到這些關聯的人，會更有機會看到自身的局限而開始改變。

不過，這種觀點終歸是線性的、機械性的觀察方式，依然是二元對立的。認為有一個「我」和一個完全獨立於「我」的外部世界，我能做的是盡可能做好我能做的那部分，但更大的範疇我是影響不了的，依然會有無力感。

更終極的真相是意識到影響你生命中一件又一件事情的，其實只有唯一的作用力，那個作用力就是你。

每件事都有你在場，你都在把你內在的意識背景投射在你的外部事件中，影響它們運作的軌跡。你自己的意識框架如果沒有發生改變，外部的事件就不會有本質上的變化。

不只盲目承諾，更要有實際行動

我的女兒跟我說：「我保證就買這一次，以後再也不買了。」我會告訴她：「不要做這種保證，你做不到的。而且，即使你不保證，我也會買給你。」而不是藉著這句保證來掌控孩子：「這是你自己說的啊，你要說到做到！」如果接下來孩子忘記了之前的承諾，你就會氣急敗壞地對一個幾歲的孩子說：「你不是保證過了嗎？你怎麼說話不算數呢？」

很多人對一個人「說到做不到」往往會表現出極大的憤慨，好像這是一個巨大的原則問題、人品問題。關於承諾這件事，隨著一個人不同的成長、變化，能給予的承諾的品質都是不同的。

給予承諾者和接受承諾者這兩者本身也是息息相關的。一個人能給予的承諾在什麼階段，其實也透露出接受承諾的對象在哪個階段。

接下來，我來簡單講講每個人在不同階段能給出承諾的品質。

第一階段——衝動承諾

這個階段的人心智尚未成熟，沒有太多人生經驗。

一個第一次戀愛的二十歲男孩對女孩說「我會一輩子都對你好的」，本質上和我四歲的女兒說「我保證就只吃這一次霜淇淋，以後再也不吃了」是一樣的。他們都在承諾根本做不到的事情。

他們搞不清楚狀況，無法正確預估接下來履行承諾要面對什麼樣的困難，甚至在那一刻根本就沒想過這個承諾意味著什麼。當然，即使想，在他們現有的意識框架中也想不出什麼，對事情的評估非常不足，也完全不了解自己的能力範圍。這時，他們還處在「我不知道，我什麼都不知道」的狀態。

所以，處於這個階段的人會不知死活地、衝動地做出各種各樣美好的承諾：

「為了你，我一定會把菸戒掉。」

「只要你這邊能提供資金，三個月，我保證可以把這個專案做成。」

「我一定會跟她離婚。」

「我永遠都不會對你發脾氣的。」

「我以後都聽你的。」

如果聽這種話的人心性成熟、內心中正，自然看得清對方處在怎樣的狀態，以及對方說出這些話的深層動機。假如被承諾的人內在沒有攀附心，可以很自然地做到只是聽聽而已，不會把這些話當真。

但是，如果被承諾的人是另一種狀態，比如一個恰好對愛有極大的匱乏感、沒有安全感的人，這時如果愛人給予承諾，那他們就會喪失所有的智商和分辨力，像溺水的人抓到木頭一樣，死死抱住，絕不撒手。

就像是我的女兒跟我說：「我保證就買這一次，以後再也不買了。」我會告訴她：「不要做這種保證，你做不到的。而且，即使你不保證，我也會買給你。」而不是藉著這句保證來掌控孩子：「這是你自己說的啊，你要說到做到！」如果接下來孩子忘記了之前的承諾，你就會氣急敗壞地對一個幾歲的孩子說：「你不是保證過了嗎？你怎麼說話不算數呢？」

什麼樣的人會把處於熱戀期的對方說的「我以後什麼都聽你的」當真呢？當然是和說這種話一樣幼稚的人。同樣，把一個三四歲的孩子的保證當真的成年人，心智水準其實和那個孩子相差不遠。

第二階段——拒絕承諾

如果說上個階段的人是不知死活的話，那麼發展到這個階段的人已經試過深淺，得到些盲目承諾的教訓了。他們看到自己能力的不足，似乎怎麼努力都完成不了最初的承諾，帶著強烈的挫敗感和自我懷疑。

這時的他們害怕讓別人失望，更害怕讓自己失望。「再也不相信愛了」、「現在要的不多，找個人過日子就行」、「現在已經愛不動了」……

那些在親密關係裡了無生氣、瞻前顧後的人都在這個階段。跟上個階段的激情和活力相比，這時他們算是認清了。

他們看到了太多的世事無常，年輕的時候對生活的態度是不惜力的，做任何事情常常都用力過猛，然而這種使出全力之後依然體驗到的失控感才是最讓人挫敗的。他們已經受夠了讓別人失望，更受夠了讓自己失望。

而不失望最安全的策略就是不給予希望，也包括不給自己希望。他們不再盲目崇拜自己的力量，開始對未來的不確定性心生敬畏。不過，顯然畏的成分要遠遠大於敬：尊敬會帶來動力，會讓人嚮往並與之學習，就如同對自己心中的榜樣一般，去靠近、去探索，甚至去超越，而畏懼帶來的反應則只是退避三舍。

他們會在這種過分謹慎的狀態中持續地收縮自己，這種收縮會往兩個極端發展——玩世不恭或暮氣沉沉。

第一種看起來是放縱，但實際上是用物質或者感官的快感來抵禦沒有希望或信仰所帶來的虛無感。

第二種是活得小心翼翼，按部就班，不敢越雷池一步，成為實用主義者。最大的副作用就是全身上下會散發著無趣、乏味的腐朽味道，更糟糕的則是對世俗力量太過虔誠。這會帶來對自我力量的輕視，對自己的創造力沒有信心，變得患得患失、斤斤計較。

而且，通常這兩種極端特質會發生在同一個人身上。他們變得習慣妥協、油滑、麻木且善於替自己找藉口。

相比上個階段的衝動和盲目，發展到這個階段可以說是一種成長，是一種對回應世界態度的新的探索。從一極到另一極的嘗試很重要，但同時在任何兩極裡是不可能有答案的，尋找答案需要經歷這個過程，最後再整合並超越這兩極。

很可惜的是，很多人沒有繼續成長，而是停留在了這個狀態。

第三階段——理智承諾

上個階段的死氣沉沉，來到這個階段，過去經驗帶來的不僅是教訓，我們還找回了力量，所以有激情和勇氣往關係裡深入更多。

而且，和最初的衝動、無知不同，這時，我們對自己有更清晰的認知，可以做到有所為、有所不為，也不會為了討好他人，或者獲得某些短期利益而去衝動地許諾些什麼。

處於這個階段的人不會輕易被誘惑，也不會用美好的承諾誘惑別人。看清楚了人性，看清楚了他人和自己，還能繼續前進來到這個階段的人，會謹慎地評估自己和狀況，給予適當的承諾。

處於這個階段的人會讓人感覺很可靠、踏實，也有一定的行動力，但如果不繼續成長和自我擴張，有可能變得有些僵化和安於現狀。

第四階段——超越承諾

只有極少數的人可以來到這裡。

他們在任何關係裡或者事物上都不會有很強的功利心，並且能夠允許事情往任何方向發展，所以不需要去決定、承諾什麼，但同時又保持強大的行動力。他們如同水一般順遂臣服，舒展地流動。他們依然對世界充滿熱情，而且願意透過不斷的成長和學習發展自己的力量。

他們不會不知深淺地盲目承諾，也不會局限於「信守承諾」，惴惴不安地不敢輕易做出承諾，他們敢於大刀闊斧地去行動，在行動的過程中去觸碰自己的邊界，不斷擴展自己。

在《行動瑜伽》一書中有這樣一段話，很清楚地描述了這樣的狀態：

「他既能在最為寂靜和孤獨中發現最為強烈的行動，也能夠在最為強烈的行動中發現沙漠般的寂靜和孤獨。他已經掌握了克制的祕密，已經控制住了自己。他可以穿行於現代都市交通繁忙的街道，而其心靈平靜如同他隱居於洞穴，沒有任何聲響可以觸及那裡。而同時，他在任何時候都處於強烈的行動之中。」

把注意力收回到自己身上，力量也就回來了

當我們為了得到別人的喜歡，而一直假裝，把自己塑造成有禮貌、樂於助人、處事得體、善解人意、優秀、大度等這些美好形象時，就算人們真的說愛你了，你也根本無法相信，因為你知道他們愛的只是你的面具。他們愛的只是你假裝出來的那個人，而那個人根本就不存在。所以，即使你努力「表演」得來了很多「讚」，你也根本享受不了它。即使你得到了一些，也很快就會失去。

根本沒有別人，你都是自己跟自己玩

常有人問我：「我總是猶豫不決，不僅在親密關係上，在工作方面也是。既沒有力量改變，又沒有力量離開。我知道是我力量不夠。周梵老師，怎麼才能獲得更多的力量？」

其實，這個問題問錯了方向，當你在問你如何獲得力量的時候，其實是假設沒有力量是自己的本來狀態，然而這不是真相。事實上，每個人都是自帶糧草和地圖的，你需要問的是：「我是如何讓自己喪失力量的？」

就好像有人會問：「有些事情我就是放不下，我該如何放下？」更本質的問題是：「你是如何讓自己一直拿起來不放下的？」

一位客戶在諮詢時抱怨她的老公不按讚她的SNS發文這件事，翻來覆去足足講了將近十分鐘：他按讚所有人的發文，而且有些內容那麼無聊、那麼低級趣味，他都去讚一個，為什麼唯獨不按我讚。他還是不是我老公啊……

類似的抱怨我聽過滿多的，有沒有人對自己的發文按讚，對很多人來說真的是很重要的一件事。

當然，被「讚」，不僅僅是發文動態上的數字多一點那麼簡單。這只是一種被關注、被肯定的可以被量化的表達方式而已，重要的是渴望被關注、被肯定的感覺。

可是，人們卻很少去思考，為什麼我這麼需要被別人關注和認可呢？

當自我價值感不夠高、對自己的價值不確定時，對自己的關注就會變少，或者說正向關注很少。因為自我懷疑、自我攻擊也是一種關注，但那不是正向的。正向關注是可以為自己帶來力量和愛的，如自我肯定、自我接納。當我們不習慣、不願意，或者沒有能力給自己正向關注時，自然就渴望從別人那裡得到確定感了。

四年前，我和我媽媽的關係還有些緊張，遠遠沒有像現在這般輕鬆、融洽。

有一天，我帶著小女兒去我媽媽家吃飯。那天，我戴了一枚銀戒指，做工精緻，造型別緻。一歲多的小女兒很感興趣，我就取下來給她玩。過了一會兒，我們去吃飯，我就忘記這件事了。

吃完飯，我們坐在客廳準備休息一下就回去。媽媽在掃地，掃到沙發下面的時候，從裡面掃出了我的那枚戒指。媽媽問：「這是你的吧，怎麼掉在這裡了？你怎麼總是這麼丟三落四？」

我說：「哦，是我的。剛才當當想玩，我就取下來給她玩，應該是她玩的時候掉下去的。」

我媽說：「你怎麼什麼都給她玩，這戒指看起來也不便宜吧？」

我接連被責備了幾次，心裡已經不太舒服了。早已失去了覺察，那一刻新仇舊怨一起湧上來，我就冷冷地回了一句：「有什麼東西比我的女兒更重要呢？」

事實上，這是一句攻擊性很強的話，而且更可恨的是，這還是那種隱蔽的攻擊，罵人不帶髒字卻信息量極大（有知識的人壞起來更討厭）。這句話在表達：

- 我在意我的孩子多過在意這些物質的東西。
- 我是一個真正懂得愛孩子的母親。
- 你不是，因為你不是這樣對我的。

它重重地戳中了我媽媽的痛點，激怒了她，她開始反擊：「哦，都像你這樣寵著孩子，她要天上的星星，你也摘給她嗎？別人都應該像你這樣寵孩子是吧？……」

我無心戀棧，應付了幾句就帶著女兒離開了。

一出門，我的覺察就回來了。我意識到剛剛發生的事情，是我在和我的媽媽競爭，競爭誰是一個更好的媽媽。我意識到我的優越感，事實上，在心裡我認為我是更好的那個。

當然，在某個層面上，由於時代的原因，我比她有更多的資源和機會去學習和成長，所以我或許比我媽媽了解更多心理學知識和親子知識，也更加能夠覺知和管理自己的情緒。但是，為什麼我卻無法掩飾地希望我媽媽知道這一點，並無意識地在證明這件事呢？為什麼要讓她知道我是更好的那個如此重要呢？

當我在問一系列這樣的問題時，答案就冒出來了：因為在內心深處，我渴望被我媽媽像我對待我的女兒那樣對待，被無條件地愛、被認可、被接納、被肯定。因為那時的我依舊相信我需要從別人那裡得到愛，而我自己沒有能力給自己愛。

而之前，我一直認為我和媽媽關係緊張是因為她常常指責我、否定我造成的。而我從未意識到，正是因為我關注她怎麼看我比關注她要多。為了得到這些，我的自我證明所帶來的優越感對她造成了很多被否認、被攻擊的感覺。而我完全沒有意識到這些，因為我只忙著找她索求我要的東西——被接納、被認可，自然就無法給予她需要的接納和認可，因為當我們在意別人怎麼看我們比在意別人多時，是不可能真正懂得愛和欣賞的。

當你在意的人確認你足夠好，你才能確認自己足夠好。那種相信我很好，而帶來的安全感以及快樂、圓滿的感覺才會重新回來。然而，無數人相信這種感覺一定要依賴別人才能得到。

我想起我帶的一個講師。前不久，她要進行一場幾百人的公開講座。她之前從未做過這麼多人的講座，所以前幾天她非常焦慮和緊張。她來見我時談起這件事，告訴我：「周老師，我現在真的感覺有點虛，很沒自信。」

我問她：「那發生什麼你才會變得有自信呢？」她說：「如果現在有一個很權威、很厲害的人，比如說馬雲那樣的人跟我說『你肯定沒問題，你一定行的』，那我就會馬上感到自己非常有力量了。」

我當時就笑了，我隨手拿起沙發上的一個抱枕，說：「這個抱枕就是你的力量，這份力量本就一直屬於你，但是你看不到它，甚至不相信它的存在。然後，你把這份力量投射到某個你認為很厲害的人身上，就相當於你把你的力量送給了對方。」我把抱枕遞過去讓她抱著，對她說：「我相信你，你很棒！你就高興了，開心了。」

我又從她手上接過那個代表力量的抱枕，假裝她誇張地表演出興奮、開心的樣子，然後緊緊地抱著抱枕說：「嗯，我聽到你說『我很棒。現在，我有力量、有信心了』！」

我問她，「事實上，在對方說出這句話肯定你的時候，什麼也沒改變、什麼也沒發生，對方也沒有為你做任何實質性的事情，你突然就有力量了？

「你有沒有想過，這份力量到底來自哪裡呢？只是因為你內在的感覺變了。你的感覺是如何改變的呢？真的和對方對你的肯定有關嗎？

「其實是你自己決定相信對方的話，來轉變內在的感覺。而你也可以決定不相信對方的話，那個自信感也不會出現。可是，既然你可以決定透過相信對方的話來轉變自己的感覺，那就意味著這是你可以自己決定的，和別人根本就沒關係。

「你意識到在這當中你是怎麼玩這個『假裝我需要別人認可才有信心』的遊戲了嗎？根本就沒有別人，前前後後都是你自己在跟自己玩。」

被愛的感覺是自己給的

很多人控訴自己身邊的人：「為什麼我為他做了那麼多，他卻對我一點都不好？」、「為什麼我愛他這麼多，他愛我卻這麼少？」事實上，這跟對方一點關係也沒有。

每個人都是自由、有力量的，可以選擇去做自己想做的，也可以拒絕自己不想做的。他們之所以這麼痛苦，是因為他們所做的那些並不是喜悅的、享受的、純粹的。他們在做的過程中有很多的疲憊和委屈，因為他們害怕，覺得「如果我不那樣做，他就會不喜歡我了，就會離開我了」。於是，在這樣的信念中，就不斷壓抑、忽略自己的這些感覺，無法讓自己停下來，或者拒絕。因為他們在意自己在別人眼中的形象比在意自己多，在意別人怎麼看自己比在意別人多。

他們做的「那麼多」從來都不是真正為對方而做，而是為了自己在對方眼中的形象而做。他們想透過討好別人、取悅別人來換取對方的愛。

可是，當我們為了得到別人的喜歡，而一直假裝，把自己塑造成有禮貌、樂於助人、處事得體、善解人意、優秀、大度等這些美好形象時，就算人們真的說愛你了，你也根本無法相信，因為你知道他們愛的只是你的面具。他們愛的只是你假裝出來的那個人，而那個人根本就不存在。所以，即使你努力「表演」得來了很多「讚」，你也根本享受不了它。即使你得到了一些，也很快就會失去。

而在尋求他人愛的過程中，你就失去了真實的自己。當一個人對自己沒有愛、沒有信任時，自然就希望從別人那裡得到，可是悖論卻是一個連自己都不會愛的人，也不可能給別人愛。你給的可能是討好、是犧牲、是委曲求全、是偽裝……唯獨給的不是愛。你給出去的不是愛，你也不可能得到真正的愛。

而最終能給出的愛，都源自我們自己。當我們努力想要得到我們早已獲得的愛時，我們就替自己製造了一個牢籠。

在很多年前，我看過一本半自傳的書，作者是一位法國的作家和身心靈導師。其中有一個關於她親身經歷的故事，讓我留下了深刻的印象。直到現在，雖然那本書的書名和作家的名字我都忘記了，但那個故事卻依然記憶深刻。

她是一個非常有才情的女人，有一年，她認識了一個同樣才華橫溢的男人。後來，他們相愛了。她從未體驗到這麼濃郁的愛，她全心全意地愛著那個男人，同時也感受到那個男人對她毫無保留的愛。在他們相愛的那三年，她的整個世界有了非同一般的意義。遇見這樣一個男人，她感覺她的生命是從和這個男人相遇之後才真正開始的。她覺得自己是世界上最幸運的女人。

直到有一天，這一切都戛然而止了。那是非常平常的一天，她在家打掃，這次她想做得比平常更澈底一些。她清理了很多平時忽略的角落，然後她突然發現一個從沒有注意過的小箱子，還有一把小小的密碼鎖。

她嘗試了幾次，竟然把箱子打開了。結果，她發現裡面有很多信件。這些信件的內容是那個與她相愛的男人和另外一個女人的交往過程。她無比驚訝地發現，這個男人在和她交往的過程中竟然同時還在和另一個女人交往，而且他對對方的表白和讚美，所使用的詞句，都是曾經對她說過的。

可以想像，在那一刻，她的世界崩潰了。

她感覺過去這幾年自己的幸福生活簡直就像一個笑話，這個男人從未真正全心全意地愛過她，她過去一直都生活在一個謊言中。她痛苦到了極點，她離開了那個家。不知道要去哪裡，她在外面飄蕩了幾天，最後決定自殺。

她來到海邊，慢慢走向大海深處。當海水沒過她的雙腿時，也許是冰涼海水的刺激，也許是內在某種神祕力量的蘇醒，她內心深處突然閃出一個問題：

如果這三年這個男人從未愛過你，那麼你感覺到的愛是真的嗎？

這真的是一個非常非常有智慧的問題。她聽到了這個聲音，停了下來。然後，答案出現了，她只能誠實地回答，那種幸福的、被愛的感覺是真實的，無法否認。也正是因為那份感覺太美好了，當它失去時才令人無法接受。

緊接著，這個聲音問出了另一個終極智慧的問題：

如果那個男人從未真正愛過你，那你感受到的愛究竟是從哪裡來的呢？

她一個人呆呆地站在海水中，思考這個問題，尋找答案。最後，她沒有別的答案，唯一的答案就是——

這愛的感覺是自己給的。

就在答案出現的那一刻，她意識到所有的感覺都是自己創造出來的。無論是之前被愛的感覺，還是之後被傷害的感覺，或者是現在這份超越被愛和被傷害的感覺，統統都是自己創造的。於是，這個女人就在這一刻，覺醒了。

後來，她成為非常知名的身心靈導師和作家，幫助了很多在親密關係中受苦的男人和女人。

就像之前那個一直不相信自己的講師，她認為她所需要的力量是從別人對她的鼓勵和認可那裡得到的。然而從頭至尾，那種沒力量的感覺是自己創造出來的，最後那種有力量的感覺一樣也是自己創造出來的。

就跟那個法國女作家的故事一樣，被愛的感覺、受傷的感覺，到最後澈底從這些故事中獲得自由的感覺，統統都是自己創造出來的。

所有在故事中痛苦或受傷害的感覺，不可能是別人給你的，那些故事只是選擇我們想要體驗的感覺而站在最有效、最恰當的立場觀察而已。這也是為什麼同一個事件中，不同的當事人都會講出各自不同的、屬於他們自己版本的故事。

他們會有衝突或者爭吵，原因其實很簡單——他們都想搶同一個位置，比如，受害者、弱者、被愛者或控訴者這類位置。一個故事就像一個空間，有無數個位置，你最後選擇的位置就決定了你看到什麼和感受到什麼。而你所看到的、感受到的，最後就會成為屬於你的真相，因為觀察本來就是創造的一部分。

同樣地，你也不要以為被愛的、有力量的、有成就感的、被信任的這些好的感覺是別人給你的，需要依賴某個特定的人或某件特定的事。這和被傷害的感覺是一樣的，那個事件或者個人只不過是個媒介，整個過程只是一個把原本就屬於你的力量、愛投射到對方身上，經過二次加工換個包裝再拿回來的遊戲。

學會把投注在別人身上的期待和注意力收回來，放到自己身上，這是為自己的生命、為自己的感受負責的第一步，也是收回力量最重要的一步。

請把幸福的選擇權放在自己手裡

Chapter

2

以「要給孩子一個完整的家，所以不離婚」這種理由委曲求全留在婚姻裡的人，還真不在少數，無論是男人還是女人。而且，說出來有種特別悲壯、偉大的感覺。但其實，這不過是一次隱蔽的自欺欺人罷了。

「我是為了孩子才不去工作的。」——真相可能是：你對自己是否能駕馭好一份新工作沒有信心。

「我是為了孩子有更好的生活，才天天加班賺錢的。」——真相可能是：你不擅長面對跟家人相處的各種狀況，所以想逃到工作中。

「我是為了孩子才不離婚的。」——真相可能是：你害怕要獨自面對完全未知的生活。

「一切為了孩子」這個理由簡直變成了萬金油。這種做法自我安慰的效果很好，卻不利於我們看到自己真正的核心問題，並去突破它，升級自己，進而獲得開啟全新生活的機會。

只剩下功能性的婚姻，還要不要

在原來的關係中沒有修好的功課，不會僅僅因為換了個人，就消失了。最初的蜜月期結束之後，還是會進入權利鬥爭期，再到死寂期。只不過每換一個新的人，蜜月期的時間會越來越短。如果當事人不自知的話，會不斷輪迴這樣的狗血故事。

擁有看起來正常的婚姻，心底卻有種虛無感

在我們生活中，很多人的婚姻關係就像工作中的同事一樣，分工明確，各司其職，就是常說的那種「和室友一起過日子」的生活。

在這樣的關係裡，所有的溝通都是事務、功能取向的：

「明天我加班，你能不能去接孩子？」

「下個月媽媽六十大壽要訂哪間餐廳？」

「車子要加油了，這兩天你有沒有時間？」

「晚餐是紅燒魚還是紅燒雞塊？」

當然，有了孩子之後還有個很重要的談話主題——孩子，還有孩子的讀書狀況……

在這種關係裡，兩個人都不會彼此表達太多個人的感受，更談不上心靈的交流，但所有家庭生活的功能都會運轉正常。是的，正常。正是因為看起來正常，所以才不知道該如何應對心底那份虛無感：如果這樣人人稱羨的生活你都不滿意，似乎太不知道好歹了。

所有的親密關係都要經歷四個階段：蜜月期↓權利鬥爭期↓死寂期↓夥伴關係期。

蜜月期

親密關係最初的蜜月期，我們會對對方有很多美好的投射，也會體驗到很多甜美、溫暖的感覺。隨著關係的親密而帶來更多的熟悉感和安全感，我們開始暴露自己內在的陰暗面，同時也渴望對方能做到自己所期待的樣子。曾經討好、付出的一方累了，想要獲得更多的回應，不再願意繼續那樣付出了。而習慣被付出的一方，則可能把這種付出的回收當作一種背叛或辜負。雙方都會期待對方用自己想要的方式來愛自己，當對方沒有做到時，就會用或明或暗的方式來攻擊或懲罰對方。

權利鬥爭期

由於不滿，爭吵開始了，這時進入關係的第二個階段——權利鬥爭期。這裡的「權利鬥爭」並不是在爭某種實際的權利，而是兩個人都希望自己的需要應該優先被滿足。例如，被理解，被支持，被欣賞，被重視，被照顧等等。這個階段，兩個人都會認為自己的需要有足夠合理的理由被優先滿足。兩個人都會在這個階段累積很多委屈、憤怒，甚至心碎的感覺，到最後就會吵得精疲力竭。

所謂的「權利鬥爭」，爭的是兩個人都希望自己的需要被滿足，都希望對方幫助自己填滿心靈的空洞。在這期間，彼此的攻擊往往會激發伴侶把曾經壓抑在內心深處的陰影以一種極端的方式釋放出來。

一個在一起生活了很多年，共同經歷了那麼多，連彼此的身體都熟悉的人，忽然生出一種陌生感，恍惚間好像不認識這個人了。這種陌生感既讓人困惑，又讓人害怕。

權利鬥爭這個階段，兩個人都有飽滿的情緒爭吵，改變對方這個夢想極其堅定，可以調動大量的生命力來弄出各種戲劇性的事件。什麼摔東西、奪門而出、徹夜不歸、冷戰十天半個月都不在話下，甚至是這些戲碼的加強升級版。

經過了若干年的爭戰，曾經充沛旺盛的生命力早已被消耗殆盡了。這時，兩個人會逐漸平靜下來，不再爭吵了，不是接納對方了，而是吵不動了。

死寂期

如果這時因為某些原因沒有分開，而且兩個人都沒有重大成長，那麼就進入了關係的死寂期。死寂期看起來比上個階段的權利鬥爭期要和諧——只是看起來。

他們嘴巴上會說：

「他就是這樣，我已經接受了。」

「算了，就這樣吧。還能怎樣呢？」

很多人以為自己「放下」了，但事實上，希望伴侶滿足自己期待的渴望並沒有放下。這種「放下」只不過是失望之後無奈的放棄而已，看起來好像是變得更為成熟、回歸現實，但是，這種接受現狀並沒有讓自己有更加輕鬆、喜悅的感覺，反而生出一種悲壯感，是一種不甘心卻又無奈的妥協。

這種表面上的風平浪靜，並不是真的和解，只是因為真的是吵累了、吵不動了。累了，絕望了，放棄了。

這份和諧，是把期待壓抑下來換得的，但壓抑只是把期待埋在了內心深處，它並沒有消失。

兩個人不再有大規模戰爭了，更多的是暗潮洶湧，但彼此會心照不宣地盡量在婚姻裡完善功能性的需要：做好男人該做的、女人該做的（或者爸爸該做的、媽媽該做的），該賺錢賺錢，該生孩子生孩子……於是，這個階段的婚姻就變成滿足生活功能所需要的一個合作社。彼此都沒有在這段關係中獲得多少愛的滋養，這樣的婚姻或者親密關係在我們生活中比比皆是。

也許在外人看來，兩個人同進同出，感情甚佳，但其實當事人都明白，在這段婚姻裡，自己內心那個渴望被愛的空洞從未被填滿過。這份對伴侶的失望也絕對不會單一孤立地存在，生命的所有都是交織在一起，相互影響、相互疊加的。所以，這份失望也會延伸到對婚姻、對生活的失望中，追根究柢最後還是對自己的失望。而長時間無法改變時，我們就會陷入無望的感覺中。於是，巨大的無意義感就產生了。

進入死寂期，兩個人幾乎不會再有情感和心靈的交流，就如前面所提到的，所有的交流都是事務性的。兩個人情感關係方面的話題變成了地雷區，大家都小心翼翼地避免觸碰這個話題，因為前面有太多不愉快且失敗的溝通歷史。在對方那裡受的傷沒有癒合，也沒有治療方法，於是選擇把傷口掩藏起來，不去看、不去想，只是假裝它們不存在。

人性裡對連結的渴望是天然的，都渴望被愛、被懂得、被陪伴和被關注……如果沒有發展出自我滋養的能力，在婚姻裡又得不到，而且也沒有足夠的力量去影響對方，對待這些心靈深處沒有被滿足的渴望，很多人的處理方式是自我說服或者壓抑。

這就是人們幼稚的地方。

做出選擇，勇敢面對未知

很多人往往太高估意志力或自我說服的力量，以為告訴自己不在乎，就可以真的不在乎。

無論頭腦怎樣自我說服，都不可能將潛意識的渴望壓下來。當心靈的空虛感襲來時，我們為了逃離這種感覺，很容易進入另一種沉溺的狀態。說白一點，就是容易上癮：要麼對某種事物，要麼對某人。

比如，喝酒、打電動、追劇、打麻將、買樂透、炒股、購物……道德感比較強或者執著於「優秀」、「上進」的社會人格的人會選擇看起來更被社會主流所認同的上癮方式——工作。大量出差、加班、應酬……

在這裡要特別區分一下愛好和上癮的不同。以上提到的這些可能只是愛好，但愛好和上癮最大的區別是：愛好是可以停下來的，而且停下來不會空落落地難受，不會一直惦記著，但上癮則相反。而且，上癮的人為了能持續他們的上癮行為，是不惜破壞其他東西的，例如健康。

除了對事物上癮，另一種是對人上癮。很多人對伴侶失望之後，會把這些期待轉移到孩子身上。他們改造伴侶的計畫失敗之後，繼而迫切地希望把孩子打造成自己想要的樣子。在我們的群體意識中，教育孩子的任務主要還是由母親來承擔，所以下面這段話的代稱我會用母親，但也不乏有些父親也會這麼做，只是比例較低。

母親會對教（控）育（制）孩子上癮，把所有的注意力都放到孩子身上，視孩子為自己生命的全部。或者，把在伴侶身上缺少的愛全部投射到孩子身上，在孩子那裡體驗被關愛、被需要的感覺。所以，我們常常會看到那些早早就變成小大人的孩子。

很多孩子雖然年紀很小，但是他們卻在扮演小丈夫的角色，要麼特別體貼地去照顧媽媽的感受，要麼對媽媽的情緒異常敏感，過度成熟。有的母親很沒有安全感，害怕自己不被需要，所以潛意識裡害怕孩子長大了就會不需要自己、離開自己。因此，她們會過度干預、過度保護，這樣的孩子就永遠長不大，始終無法獨立。

另外一種死寂期的上癮，就是外遇了。在一潭死水的婚姻裡，彼此都不能在情感上滋養對方，功能再完整也彌補不了情感枯竭的空洞。所以在這個階段，只要外面有一個人給予一點點關注、欣賞、關心、理解……心被牽引走幾乎在所難免，甚至自己都會無意識地散發出尋求愛的訊號。很多看起來不會出軌的好人也會出軌，是因為那些看起來帶有某種孤獨或憂鬱氣質的人總是很有吸引力，很容易讓有拯救者情結的人愛心氾濫，深陷第三者的窘境。

在原來的關係中沒有修好的功課，不會僅僅因為換了個人，就消失了。最初的蜜月期結束之後，還是會進入權利鬥爭期，再到死寂期。只不過每換一個新的人，蜜月期的時間會越來越短。如果當事人不自知的話，就會不斷輪迴這樣的狗血故事。

事實上，這是一個很好的自我反思和自我成長的機會，因為你會意識到並不會有人因為你的期待而改變。你需要學習的是不再依賴別人來滿足內心被愛的渴望，也不再依賴別人來讓自己快樂，而是學會真正地愛自己，不是向外索求。

然而，很多人並沒有抓住這個機會來提升自己，而是轉而壓抑自己內在的渴望、體驗愛的生命原始的動力，寧願用一些合理化的限制性信念來自我說服：

「婚姻就這麼回事。」

「男人（女人）都一樣。」

「大家不都這麼過嗎？」

寧願如此說服自己，也不願改變自己。所以，在死寂期的婚姻中，有些人是工作上癮，成為工作狂，不停地加班、出差，有些人是沉迷網路或遊戲，有些人是不停地去旅行……

很多人會在死寂期這個階段停留很長時間，像我們父輩那一代人，有很多夫妻和對方形同陌路甚至像仇人一樣過了一輩子，卻也不離婚，也不改變自己的模式，一直到死都沒有從這個階段畢業，無法進入下一個階段。就這樣在相互怨懟、相互糾葛中，消磨了自己寶貴的一生。

當然，如果你注意到了這份虛無感，就意味著你還沒有把自己物化到底，你對自己的心和感受還保有一絲敏感，渴望體驗生而為人本來該體驗的東西——給予愛、表達愛、接受愛這些感覺。當你沒有真正體驗到這些時，也許你的頭腦可以自我安慰「這樣的生活已經很好了」，但內心始終有股力量在不安分地湧動，四處尋覓一條可以通向自己靈魂皈依之處的出路。

事實上，當你感覺被「雞肋」婚姻困住時，這是你自己的一種選擇，你並不打算真正離開這個自己一直在嫌棄的情景中：要麼是僥倖地希望自己在不做任何大的改變的情況下，藉由時間的流逝讓問題自行消失；要麼是骨子裡就不相信自己可以擁有真正高品質的親密關係。就像心理學家弗羅姆所描述的——可以在對方身上喚起某種有生命力的東西，而雙方都會因喚醒了內心的某種生命力而充滿快樂。

因為大多數人的生命標準是很低的，「好好過日子」是他們這輩子的最高目標。這種人的人生格言就是：「能將就的，絕不挑戰更好的！」

有個編輯，經常會收到一種稿件，說自己的父母怎麼打打鬧鬧、吵吵嚷嚷地過了一生，現在年紀大了，相依為命了。做子女的就感慨，這就是真愛啊！吵吵鬧鬧裡才有真愛。這個編輯感嘆，每當看到這樣的文章就忍不住腹誹：狗屁真愛啊，是根本吵不動了！

真正的艱難，並不是做了一個選擇之後要面對接下來的一系列挑戰，而是你一直無法做出真正的決定，長時間膠著在「要」或「不要」之間自我消耗。就像我常常在課程裡說的，你要麼站起來全力奔跑，要麼躺下來好好休息，但你別一直蹲著。讓自己長時間陷入進退兩難、左右搖擺的狀態，把大好的生命都白白浪費在自己各種分裂的人格爭鬥中。外人看你吃喝拉撒一切正常，只有你自己知道這種精疲力竭的自我消耗是多麼痛苦。

很多人以為不做決定是最安全的，可以規避決定所帶來的風險，然而你不知道的是，這種不做決定僵持消耗的狀態所浪費掉的寶貴生命，才是你付出的最大的成本！

夥伴關係期

無論你是決定在你的親密關係裡真正給予承諾，去溝通、去面對、去道歉、去原諒，還是拿出力量帶著祝福和感激徹底結束一段親密關係，勇敢地去面對未知，都是很好的。無論哪種決定，一旦真正做了選擇，你都會感到輕鬆、豁然。你會進入下一個全新的夥伴關係期，體驗到完整而成熟，彼此支持、信任的親密關係。

來到夥伴關係期，彼此都超越了最初幼稚而盲目的期待，開始變得更為成熟，你更加懂得尊重對方的需要，能夠站在對方的角度理解對方，同時也能為自己的需要負責。不是帶著情緒和本能去發洩情緒，而是知道如何中正、有效地表達，讓對方可以收到你的需要，而願意去給予你。

這個過程是需要不斷學習和自我超越才能做到的，它不可能在含混不清、將就、僥倖的狀態下完成。你需要拿出力量去做出選擇，即使暫時沒有力量也沒關係，你依然可以學習成長、尋找支援。不過，絕對不要縱容自己以迴避的態度長時間滯留在這裡，也絕對不要相信別人告訴你的「大家都是這樣過的，你還想怎麼樣」！

你來到世上不是來將就的，你絕對值得擁有對得起自己人生的美好關係。

那些曾經的美好，還回得去嗎

人生若只如初見，
何事秋風悲畫扇。
等閒變卻故人心，
卻道故人心易變。

——納蘭容若

你們回不去了，只能往前走

體驗過愛情蜜月期的人都懂得，在關係的最初，彼此相愛的感覺是那麼美好。因為愛這個人，每天都是笑著睡去和醒來，甚至整個世界都因為有這個人的存在而變得可愛變得生機盎然。

蜜月期甜美而熱烈的感覺會讓兩個人越來越靠近，越來越親密。在親密的同時，隱藏在社會人格下的人格陰影也會逐步清晰地呈現出來。

然後慢慢地，事情一件一件發生，爭吵越來越多，每次都帶走一些信任和親密，直到最後把所有最初存留的美好消磨殆盡，愛得越來越累，越來越無力。想愛又看不到希望，分開又放不下。最後被卡在一個進退兩難的尷尬境地，變成一潭死水。很多人維持關係的動力不是來自當下，亦不是未來，而是靠過去美好的回憶支撐，或者和一個熟悉的人在一起所帶來的安全感，即使這個安全感可能只是一種幻覺。

很多人對我說：「周梵，那時我們真的很好、很相愛，他（她）對我很好，可是現在他（她）變了，他（她）現在對我和過去完全不一樣了。男人（女人）真的好善變。我們還能回去嗎？我現在真的沒法相信愛情了。」

如果感覺到對方不只是發發牢騷，而是真的渴望找到答案，我就會殘忍地說出真話：「你們回不去了，你們只能往前走！但是，若你現在只想回到過去，那你們永遠不可能通過現在的挑戰，走到下一步。」

最初，我們對愛情會有各種美好的幻想，那是一種純粹、單純、美好，同時幼稚的兒童般的想像。人們最初愛上一個人時，往往會把最完美的目光投射在對方身上，常常忘記和自己產生愛情的那個對象是個普通人，會打嗝、放屁，會焦慮，受傷了會想報復或放棄，自己內在也有很多混亂和糾結，會有無力感，會虛榮或懶惰。

當我們對對方有完美的想像時，就注定會有對彼此失望的結果。

但是，不能因為失望就停滯不前，認為愛情或婚姻不可靠，直接將愛情或婚姻定了罪。生命的目標就是進化，從某方面來說，一個關係其實是一個有機體，是會不斷成長、變化的。可以說，關係是活的，也會和外在的環境互換能量，自己內部不斷地代謝、成長。那些成長的、健康而良性的關係會生機勃勃，而有些則死氣沉沉，甚至分崩離析。

關係成長的不同階段，兩個人的節奏也不太會始終保持一致。

所有的體驗都是二元化的：當你想明白善是什麼的時候，必須同時明白惡是什麼；要懂得什麼是美，必須先要明白醜是什麼；要懂得更高層級的美，必須先要超越更高層級的醜。

但是，你不能在體驗到醜這個層級之後就停止，然後說：「我知道了，這個世界是醜的。」這不客觀，也不真實，就像說這個世界是純粹的美一樣不真實。

成長就是看到事物的多面性，成熟的善良不是只看得到美好的東西，而是能透過醜惡依然看到希望。真正成熟的愛也是如此，不是只看到對方的閃耀而愛對方，而是能穿透對方性格中的限制依然看到他的美好和無限的可能。

而且，通常那些曾經吸引你的閃耀特質，最後你無法忍受和批判的也是同一個部分，只不過是正面和背面的區別而已。

C小姐從小到大都很聽父母的話，她受到最多的耳提面命就是：要懂事，不要和別人不一樣；言行舉止要得體，不要做出格的事情；不要給別人添麻煩。所以，C是一個乖女孩，優秀、獨立，按照規定節奏上學、工作、升職……然而，到了適婚年齡，她一直沒有戀愛，於是她就配合父母的安排去相親。父母喜歡那種踏實工作賺錢，薪水都交給妻子的男人，C小姐和相親對象吃了一頓不鹹不淡、沒話找話的飯，無聊、尷尬到爆棚。飯剛一吃完，她就找個理由匆忙離開，實在沒有動力再多待一分鐘。

這樣類型的男人前前後後見了好幾個，C小姐實在是提不起半點興趣。她父母身邊的適齡單身男庫存基本上已經沒有庫存了。最後，她媽媽的同事毛遂自薦一個剛剛回國不久的遠房外甥——小T。

這次，他們在飯局上相談甚歡，感覺還不錯。吃完飯，小T對C小姐印象很好，捨不得馬上分開。小T說：「我們走走吧。」C小姐同意了。走著，走著，經過一個公車站，小T一把抓起C小姐的手就跳上了一輛剛停下來的公車。

C小姐錯愕不已：「這是要去哪？」小T說：「我也不知道，管他的，你就陪我坐坐公車來個一日遊吧。」

C小姐整個人都傻了，她第一次意識到，人竟然還可以這麼活！還可以這麼隨性自在、無拘無束！

就在那一刻，C小姐愛上了小T。他們戀愛了。

後來，他們的戀情發展得很順利，最後結婚、生子。我認識C小姐，是在他們相識的第三年。這時，他們的孩子快一歲了。她來找我是因為她感覺她的婚姻快支撐不下去了，他們現在有太多的爭吵了。而C小姐最無法忍受小T的地方就是這個男人實在是太不負責任、太隨性了。

她最希望小T改變的就是做事情有計劃一些，多考慮一下別人的感受，不要自己想做什麼就做什麼。她覺得現在跟小T在一起好疲憊，她要承擔很多。而小T也覺得很累，他覺得自己已經為這個家改變很多了，但似乎從來都不能讓C小姐滿意。

C小姐也很困惑：為什麼小T當初最吸引她的部分，現在卻成了她最厭棄的部分？

當你夠了解自己時，就會發現愛情有跡可循

每個人的人格中都有兩個部分：社會人格和陰影人格。

社會人格是我們的養育者的價值觀以及在我們成長過程中的社會文化中的價值觀滲透進來的信念。比如，C小姐的信念就是：做人就要多為他人著想，絕對不要給別人添麻煩，不要和別人不一樣。所以，她長大後，身邊很多人都覺得她是個善解人意的好人。但是，C小姐自己卻常常很不開心、很累。她很想拒絕別人，但又被自己社會人格的信念所限制，所以沒有足夠的力量。

她總在渴望得到別人的認同，總在無意識地壓抑和忽略自己的需要去討好別人，但是

在她的內心深處，對「隨心所欲地為自己而活」有著非常大的渴望和嚮往，然而，她的社會人格不允許她這麼做。所以當她遇見小T時，就會被對方身上那種隨心所欲、自由自在的特質所吸引。她會愛上小T這樣的男人，是必然會發生的。

每個會吸引我們的人，身上都有一些可以填補我們內心空洞的特質：要麼是我們壓抑的，不敢活出來的，像C小姐；要麼是我們對自己有批判的，希望對方來補。

比如：

嫌自己木訥、內向的，就會被活潑、風趣的人吸引；

批判自己拖延、沒常性的，就會被有死磕精神的人吸引；

覺得自己太浮躁、易變的，就會被沉靜、踏實性格的人吸引；

覺得自己學歷低、讀書成績不好的，就特別想找個高學歷的優等生。

反之亦然。

這種吸引和選擇往往發生在潛意識裡，在人們根本沒有覺知的時候就發生了。所以，我們常常覺得愛情是莫名其妙的，似乎我們會愛上誰是無法選擇、隨機發生的。

當你無法決定你會愛上誰時，其實是你還沒有力量決定自己是誰。當你不知道怎麼會愛上這個人時，其實是你並不了解自己。

當你真的夠了解自己時，就會發現愛情的發生都是有路徑可循的。那些會吸引我們的人身上總有一種特質，就像C小姐一樣，有一些我們壓抑、不敢活出來，但又十分渴望的。這個自我壓抑的部分就好像一個心靈的空洞，當對方身上有這個部分時，我們的潛意識可能就迅速地捕捉到，並被吸引。在你還不知道它是如何發生的時候，它就已經發生了。

同時，這些我們壓抑的部分是因為有一個「內在父母」在批判它，不允許它呈現。比方說，覺得隨性而活就是自私，就是不負責任。所以，我們內在就對同一個部分有很矛盾的兩股力量——又渴望又抗拒。

當我們與對方的關係變得更親密時，那個底層的批判就出現了。而且，我們對這一部分的感受是相當複雜的，是「羨慕嫉妒恨」的，內在會有一部分說「家裡亂糟糟的時候，憑什麼你可以視而不見，我看到就心煩」，然後強迫自己整理。這是因為對方活出了我們自己一直渴望卻又不敢活出來的樣子。所以，我們對其他人那些有所批判的部分，是我們在內心深處有渴望的部分。我也想偷懶，但是我做不到像你那麼心安理得；我也有自己的需求，但我沒辦法像你那樣肆無忌憚地表達；我也想隨性而為，但我就是有很多擔心和失控感，做不到像你這麼灑脫。

我有個朋友柳丁，柳丁的媽媽跟她說當年自己上大學時，有些女生很會撒嬌、很做作，身邊總會有好幾個備胎，而且很會指使這些男生：備胎A負責接送，備胎B做筆記，備胎C請吃飯。柳丁的媽媽說這些女生時露出鄙夷的神情：「這種女人啊，簡直就是寄生蟲。就是有這種女人，我們女人才會被看不起的，做人一點底線都沒有。」然後話鋒一轉，「像我這種苦命的人是學不來她們這種本事的，一切都要靠自己。找個老公結了婚，有跟沒有一樣，一點都靠不住。你以後可千萬別和我一樣。」

柳丁跟我講這些時，說：「周梵，你知道嗎，我媽跟我講這些時，我覺得很茫然，不知道她跟我說這些到底是什麼意思。是要我別學她說的那些壞女孩，還是要我學呢？」

後來，我告訴她，她媽媽對那種女生又羨慕又厭惡：羨慕是因為，她其實也很想體驗那種可以依賴別人幫助自己的輕鬆感，但是發現自己又被內在根深蒂固地認為「女性必須獨立、必須誰也不靠」的道德觀念綁架，她的日子過得很累，可她又破除不了這個內在觀念的制約，無法依賴另一半。她就是我說的，又渴望又批判，又羨慕又厭惡。而親密關係是面很好的鏡子，我們看到對方的樣子，可以很精準地反映出我們人格底層這些又渴望又批判，各種相互矛盾、相互拉扯的信念。

與其說我們最初是愛對方這個人，倒不如說愛的是我們想像中對方的樣子。就好像很多父母愛的是自己想像中的孩子，當他們發現孩子和自己的期待不同時，就會失望和憤怒。

蜜月期就像宇宙給我們關於生命本質的試用品，讓你品嘗一下本體的美好和體驗被愛、給予愛，最後成為愛本身的終極狀態。就像透過嗑藥獲得極致體驗一樣，那終究只是依賴外部因素而得到的。如果你執著於這個因素，就會上癮並迷失自己。

不是你不斷地體驗、學習、成長……精進成長突破小我（人格）的限制而自由的感覺，當真正獲得屬於自己的智慧和力量時，你就會從頭到尾澈底而圓滿地愛上自己！也意味著你可以同時愛對方的陽光面和陰影面。

你不僅愛對方的堅持、負責任，也愛對方的固執、不懂變通；

你可以依賴對方的老實、穩重，也理解對方無趣、不解風情；

你能欣賞對方的風趣、好玩，也接納對方自由、隨性、無計畫……

到最後，你可以到達的境界，是不再藉由某一個特定的個人對你的愛來留住這種感覺，因為愛著自己，所以你也愛和你有關的一切！你可以成為最好的愛人，而整個世界都是你的情人。

那些無力的人總是對伴侶嫌棄又依賴

你依賴、不夠獨立、缺乏力量感，自然就會渴望一個能幹且願意為你扛起天地的人出現。那麼，你一定也會體驗到對方的強勢和疲憊之後的不耐煩或者是對你的忽略。

「我可以為你搞定一切」是誘惑他人的籌碼

優妹和鵬先生來找我時，他們兩個人都是一臉的疲憊，尤其是鵬先生。

鵬先生是個好人。他朋友多、交遊廣闊、有擔當，對朋友也是極其講義氣。只要他答應的事，就算要他脫層皮也會辦到。對優妹就更不必說了，總能把優妹照顧得無微不至，優妹的大事、小事鵬先生都會放在心上。當初，優妹跟鵬先生在一起感覺到的就是滿滿的踏實、安心。好像他就是她的蓋世英雄，跟他在一起，所有的風雨都有人為她遮擋。那幾年，鵬先生的生意做得不錯，在當地圈子也有些影響力。跟鵬先生在一起後，優妹覺得自己是這個世界上最幸福的人。很快，他們就結婚了，有了孩子。

鵬先生在家排行老大，下面還有一個弟弟和一個妹妹。妹妹是學金融的，但剛畢業沒經驗，想找到能夠應用所學的工作難度很高。大哥鵬先生賣了個大人情，拜託一個行長好哥兒們幫妹妹找了份基金公司的工作。雖然是基層職缺，但是福利待遇相當不錯。

隔了兩年，弟弟結婚，鵬先生替他付了房子的頭期款。後來，妹妹家的孩子到了上幼兒園的年紀，離家很近的地方就有家很不錯的幼兒園，但報名的人太多，正常排隊很難搶到名額，也是鵬先生幫忙想辦法把小外甥送進了那區最熱門的幼兒園。鵬先生總覺得長兄如父，能照顧就照顧一下，能幫忙就幫忙，這是天經地義的。

那幾年，鵬先生就是整個家族的英雄，形象無比高大。家裡發生任何分歧、矛盾解決不了，大家都會來找鵬老大。他一錘定音，沒人敢質疑。鵬先生雖然有時也覺得疲憊不堪，但每每到這種被眾人仰望和信服的時候，他還是非常享受的，覺得做人能做到這樣，即使累也值得！

過了幾年，鵬先生的生意越來越難做，好幾個案子的投資虧損了不少錢。弟弟、妹妹還時不時地過來請求幫忙，鵬先生壓力越來越大，但就是沒辦法張嘴拒絕。很多時候忙幫了，但鵬先生的態度總是很強硬，總是擺出大哥的架子教訓人，說話也很難聽。慢慢地，他與弟弟、妹妹的關係變得越來越緊張，他還和弟弟發生過兩次激烈的爭吵。

和弟弟、妹妹的關係問題變成鵬先生最大的心病，甚至也變成這個家庭的主要紛爭。鵬先生前一天可能剛剛跟老婆抱怨自己的弟弟、妹妹沒良心，不懂感恩，「他們有今天的一切，都是我給他們的」，可能過幾天又會答應弟弟因為生意虧損而借錢的要求。優妹道理講了一籮筐，可鵬先生就是做不到劃清界線，不去管弟弟、妹妹家裡的這些爛攤子。鵬先生的壓力大了，在家的態度也變得不好，身體也出現各種問題——三高、腰椎問題，整個人越來越胖。

優妹知道，鵬先生已經不再是曾經的那個蓋世英雄了。他承擔了太多該承擔或不該承擔的，他已經快要被壓垮了。而最讓人絕望的是鵬先生竟然沒有能力把這些擔子卸下來，終止他自己和整個家庭傾覆的進程。優妹對他非常失望。

沒想到，沒過多久，更大的一顆炸彈爆炸了——優妹發現鵬先生有外遇。發現時，他們的關係已經維持了一年的時間。這個女人跟鵬先生認識有七八年了，這個女人叫春梅，算不上多漂亮，甚至也不年輕了。優妹第一次見到春梅的時候，看著她一頭大波浪捲，頭髮乾枯且毫無光澤，身材中等，但算不上勻稱，甚至還有點輕微的駝背，穿著過膝靴，配了一件有假毛領的肥大外套。

她試圖打扮得時尚、年輕，但是感覺就像偷穿了女兒衣服的媽媽，對自己的形象還沒有放棄，但品味不佳，顯然已經回天乏術了。優妹當時心裡不無刻薄地想「俗氣還不自知，這就是『可悲』二字的經典詮釋」。此後，優妹對鵬先生更加憤恨，竟然看上這樣的女人，感覺不僅侮辱了他自己，也是對他老婆優妹的侮辱。

但是，就是這樣一個女人，鵬先生竟然跟她分分合合糾葛不清了好幾年。到最後兩年，鵬先生自己也厭倦了春梅的依賴和糾纏，而優妹也知道鵬先生是真心厭煩了。他對優妹表達過好幾次對春梅的厭棄，也無數次信誓旦旦地要徹底了斷乾淨，但過一陣子，他們就會有各種各樣的契機繼續來往。這種糾葛反覆的情況一直沒有真正結束，優妹和鵬先生都感覺心力交瘁，也都覺得很挫敗。

鵬先生雖然會跟優妹解釋說「普通朋友也可以互相幫幫忙的」，但這個理由連鵬先生自己都覺得很無力，就更別說讓敏感、聰慧的優妹相信了。優妹時常覺得難以理解，她不明白為什麼這麼簡單的事情會被搞得這麼複雜。如果真的煩了想了斷，只需要不再聯繫、不再回應就好，為什麼這麼簡單的事情鵬先生就是做不到？

可是優妹鬧也鬧了，談也談了，鵬先生就是做不到。優妹能感受到鵬先生對自己的感情依然很深，她也捨不得就這樣離開。優妹對鵬先生失望至極時常常閃過那兩個字，好在她是個聰慧的人，知道不能總是縱容自己的情緒就隨意把那兩個字說出口，也知道自己的情緒無論是硬憋還是爆發都無法解決問題。

經歷了數次絕望和精疲力竭的爭吵、保證反覆重演之後，她清楚一件事——他們的婚姻遇到的困難，單靠他們自己是無法克服的。

優妹能看到自己和鵬先生的一部分，但她看不清全部。如果需要徹底解決問題，必然就需要有超越問題的視野。她和鵬先生身在其中，自然很容易盲目、混亂。她決定尋求更有力的支持。也正是因為她的這份通透，這場婚姻最後沒有淪為短兵相接、鬥智鬥勇的鬧劇，而是讓兩個人都藉由這份歷練而成長，沒有辜負在婚姻中所受到的痛楚。

我們和一個人的關係進入更親密的層次後，在這個關係裡就有更多的機會認識自己。就像世界級的設計大師山本耀司說的：「『自己』這個東西是看不見的，撞上一些別的什麼，反彈回來，才會了解『自己』。」親密關係所呈現的狀態十分清晰且精準地幫我們照見了自己。

我提醒優妹看到，他們和在親密關係中很多人正在經歷的很像。雖然每個故事的細節和版本各有不同，但底層的結構都是一樣的。

你是否陷入了「強盜夫人效應」

再來說說鵬先生。最初，鵬先生在春梅危難時出手幫過兩次忙。這一方面是鵬先生身上確實有非常仗義的性格，不管是對男對女；另一方面是在近幾年裡，鵬先生最狼狽不堪的樣子都被優妹看到過了，她最初對他全然的信賴和崇拜已經逐漸消散了，更多的是擔心和失望。鵬先生對自己越來越沒自信，他曾經獲得力量的兩個源頭都在劇烈地動盪和萎縮——事業的成功和家庭的仰賴。他急需一些崇拜的目光來感覺自己還是有價值的，這內心深處的需要恐怕連鵬先生自己都沒有意識到，而春梅就是帶著這樣目光的人。

鵬先生在最初認識優妹的時候，也是照顧優妹，為她打點一切。那時，在優妹的眼中，鵬先生是無所不能的。而鵬先生沒有意識到，這就是他的生命總擺脫不了「疲憊」這個主題的原因，因為他總是無意識地在關係裡創造出被別人需要的感覺，無論是親密關係還是家人，無論是朋友還是在工作中。他會顯得仗義或豪氣地為對方做很多事情、承擔很多，讓對方可以依賴自己。他需要被人需要的感覺，甚至迷戀和依賴這種感覺。這種感覺帶給他掌控感，讓他可以不用觸碰自己的脆弱。

鵬先生在每段關係之初，總是無意識地傳遞出一種資訊——我可以為你搞定一切。這是一種誘惑他人的籌碼，也讓他在關係中有掌控感。這是人格在成長過程中發展出來的生存模式，隨著關係的深入、穩定，人格中的另一部分就會展現出來。

鵬先生有拯救者和保護者的能量，他很願意去幫助別人。這是他的天賦，但也是限制。當自我價值感不夠時，這種天賦會被用來服務人格的恐懼所吞噬。所以，他常常過度消耗自己。界線感很弱，很難拒絕別人。當累積了巨大的壓力和疲憊時，他會以一種攻擊性的、強烈情緒化的方式表達拒絕。但是，這種攻擊性表達會帶給身邊的人傷害，破壞關係。

然後，鵬先生又會感到內疚、自責，進而進入新一輪的討好、補償……討好和補償就一定會帶來犧牲感和付出感。犧牲感的底層會有憤怒，於是直至累積到下一個憤怒的臨界點，再次爆發。如此往復。

如果鵬先生沒有力量改變這個模式，他的生活就會一直不斷地輪迴這樣的故事。他總會在關係裡體驗到疲憊、無力、孤獨，覺得始終是自己孤零零地在拚，身邊的人都不理解他，幫不上忙。可是，他卻無法明白，這個循環的僵局正是他自己創造出來的，害怕失控所以需要掌控，而且迷戀被別人需要的感覺。只要他繼續扮演拯救者，身邊的人就必然會成為依賴者。

當初，優妹選擇鵬先生時，就是被這種可以肆無忌憚地依賴一個人的安定感所吸引。對於優妹這種沒有安全感的女性來說，太有誘惑力了，這就是自己夢想中愛情的樣子啊。

隨著他們的關係進入更親密、更深入的層面，鵬先生那些在關係初始時所沒有呈現的特質開始浮出水面。他在工作和很多領域中表現得果敢、有擔當，但在其他很多更為私人的關係中卻常常反覆糾纏不清。一些極其簡單明瞭的事情，他卻如同被蒙蔽了雙眼一般混沌無明，衝動且情緒化。

這個男人的身體裡好像同時住著一個既有擔當又包容的父親和一個幼稚又脆弱的小男

孩。隨著他和優妹越來越熟悉和親密，鵬先生小男孩的那一面越來越呈現在優妹面前。這一面是優妹從沒想過會遇到的。原本，她只希望鵬先生身上如父親般成熟的部分可以照顧她自己內心依賴、沒有安全感的小女孩的那一面，但現在她發現自己卻要時不時地來面對甚至照顧鵬先生那個小男孩的那一面。她不太願意，準確地說，是不甘心。

在親密關係之初，我們內心的渴望會吸引到一個有能力滿足我們期待的人出現。你在情感中害怕受傷害、害怕被拒絕、害怕被拋棄，那麼你自然會被一個對你熱情澎湃，為了你義無反顧、不計得失的人所吸引。只有在這樣的人那裡，你才會感受到安全。很快，你們在一起之後，你會發現，對方曾經為你的義無反顧、不計得失的部分，進入到日常的生活中就會顯得不顧後果、衝動、倔強。

你依賴、不夠獨立、缺乏力量感，自然就會渴望一個能幹且願意為你扛起天地的人出現。那麼，你一定也會體驗到對方的強勢和疲憊之後的不耐煩或者是對你的忽略。

如果你有一個A空洞，自然就會吸引一個有A特質的人來到你的身邊；如果你有一個B空洞，就會渴望對方身上有B的特質。但是，對方只要有A的特質，或者能滿足你B的需要，就一定會有A-或B-的特質。天賦和限制、機會和挑戰都是結伴而行的。

你想要一個踏實、穩重的人，就要接納他的木訥和無趣；你想要一個活潑、風趣的人，就要接納他的莽撞和隨性。

但是，很多人卻往往是只想接受好處，卻不想承擔責任。只想要對方的 A 來滿足自己的需要，卻不想一起面對因為 A- 而帶給自己的麻煩。

我替這種對對方又嫌棄又依賴的狀況取了個名字——「強盜夫人效應」。強盜夫人會責備自己的強盜老公讓自己擔驚受怕，做這些不道義的危險勾當。但是，當強盜把搶奪來的金銀財寶帶回家時，強盜夫人又是很開心的，還會用這些錢財替自己添置各種喜歡的東西。

強盜夫人效應不分男女，也不一定僅限於親密關係裡。很多人可能對一份工作又嫌棄又依賴，對自己的父母又嫌棄又依賴……既沒有力量全然接納，又沒有力量獨立，然後離開。

你和你的世界本來就是一體的，你能承載多大的麻煩，就能享受多少福報。只有在關係裡給予更深的承諾，才能夠突破這個困境。看不清這一點，只能沉浸在自己的失望情緒中，總是只看到自己的需要，而忽略了對方的需要，沒有辦法把對方的背景帶進來去看到對方。

所有的影響力都發生在完全理解對方的基礎之上，沒有接納和承諾，什麼改變也發生不了。這時，你的力量才真正開始有機會被鍛煉出來。

練習：從批判中尋找力量

- **第一步——想想你對你的伴侶有哪些批判的想法，你特別不喜歡對方的什麼地方？**
- **第二步——仔細探索你對自己的批判與對他的批判相同還是相反？**

　例如，你覺得對方總是遲到，或者拖延，你可能以自己的守時自傲。當你進一步仔細檢查時，卻發現你在時間這個問題上對自己非常嚴苛。如果你確實如此，那就去看看這種嚴苛損耗了你的什麼。或者，你發現其實你和對方一樣拖延，只是你自己做不到更好，所以把行動的期待投射到對方身上，希望對方能幫你實現你達不到的目標。

- **第三步——看到底層障礙。**

　當我們看到問題的核心時，問題也就解決了一大半。仔細覺察自己這個批判之下隱藏的功課。比如，你特別害怕拖延，實際上是有時間的匱乏感，或者不接納自己目前所呈現的，急著想變得更好。

為了孩子將就的婚姻注定是場悲劇

如果真的對這段關係有留戀、有捨不得、有依賴而留在婚姻裡，就大大方方承認，不要把孩子當作理由來逃避面對自己的問題。這樣做不僅是對自己婚姻的不負責任，同時也向孩子傳遞了一種非常糟糕的生命態度。這種在面對生命中最重大的選擇時，習慣用「我是因為ＸＸ，才不得已如何」的思考方式，一旦孩子承襲下來，對他們的一生將是致命的影響。

「一切為了孩子」只是自我安慰

以「要給孩子一個完整的家，所以不離婚」這種理由而委曲求全留在婚姻裡的人，還真不在少數，無論是男人還是女人。而且，說出來有種特別悲壯、偉大的感覺。但其實，這不過是一次隱蔽的自欺欺人罷了。

很多做了父母的人，在面對很多事情時，因為自己的力量不夠而做不到，就用這個藉口包裝成「為孩子犧牲、奉獻的無奈之舉」：

「我是為了孩子才不去工作的。」

——真相可能是：你對自己是否能駕馭好一份新工作沒有信心。

「我是為了孩子有更好的生活，才天天加班賺錢的。」

——真相可能是：你不擅長面對跟家人的各種狀況，所以想逃到工作中。

「我有孩子，所以沒有時間進修。」

——真相可能是：你追完了一部又一部幾十集的連續劇。

「我是為了孩子才不離婚的。」

——真相可能是：你害怕要獨自面對完全未知的生活。

「我是生完孩子才變胖的。」

——真相可能是：你內心沒有足夠的力量做到自律的生活。

「一切為了孩子」這個理由簡直變成了萬金油。這種做法自我安慰的效果很好，卻不利於我們看到自己真正的核心問題，並去突破它，升級自己，進而獲得開啟全新生活的機會。

其中，「要給孩子一個完整的家，所以不離婚」這種說法特別容易讓人被迷惑。這是一個被深植在群體意識中的信念，乍聽之下確實很有道理。

當周圍的人用這句話去勸一個正打算離婚的人，多半會引發他們內心的遲疑和慌亂。但是，稍微仔細思量一下，你就會發現這句話完全經不起推敲。

首先，「完整」的定義是什麼？是家庭人設配置的完整嗎？必須有一個男人和一個女人，有爸爸和媽媽，這就叫完整了？

另外，性別設置對了，人數夠了，家就完整了？這種視角是非常淺薄、幼稚的，完全是根據可視性的東西來做判斷的。說白了，就是很膚淺，只關注看得見、摸得著的。

這種觀察世界的水準跟嬰兒差不多，當媽媽躲在門後時，嬰兒會害怕得大哭，他們會認為媽媽消失了，因為他們不具備領悟「看不見也是存在的」這種較為高級的思考能力。

重點是，孩子是否能夠感受到這個家庭有愛的流動。這份流動包括養育者對孩子的愛，還有養育者彼此之間的愛。

很多成年人也是如此。他們只相信我看見的，看不見的就不存在，也沒有意義，所以他們自然會忽略事物中精神及情感層面的意義。

比如一本書，有兩個次元：一個物理存在，一個精神存在。在實體層面，你可以度量的指數是這本書有多少克、多少頁、占空間多少立方公尺。

限於物理層面來使用這本書的話，你可以拿它來砸核桃（如果夠厚重的話），或者可以把它燒掉轉化成熱能來取暖。不過，它還有另一個次元的存在，就是這本書所傳遞的理念、意義、思想，你無法測量它的意義或思想。

雖然這個次元你看不見、摸不著，但是你不能否認這個次元的存在，而且相較於物質層面的影響，它對你或者對這個世界所帶來的影響很可能要大得多。

所以，那些認為完整的家就是不能少人頭的人，能理解的價值僅僅局限在理解實體層面。當他們擁有一本書時，能把它發揮的最大價值，大概就是用來砸人或砸核桃。

在這種認知下，他們不改變婚姻中的相處模式，沒有成長，沒有承諾，只是保留婚姻形式的存在。

雖然生活在一個屋簷下，但彼此是仇視的、冷漠的，或是如同履行義務般進行每天的生活，家庭裡了無生機，動不動就是刻薄的譏諷、猜忌、爭吵，或者對彼此的漠視。這樣的家如何稱其為完整？

這種「因為孩子，所以不離婚」的婚姻彼此是沒有尊重和信任的，都只是物化對方，把對方當成一個保持家庭完整的工具。這樣的婚姻即使是表面的平靜也維持不了多久，出現更大的問題只是遲早的事。

心靈對愛的需要，就像身體對氧氣的需要。父母的關係會營造出一個沒有情感的氛圍，讓孩子生活在這種氛圍中，如同置身在一個缺氧的房間裡。

剛開始看不出什麼問題，但這種緩慢的窒息感會帶來一系列的心理問題，進而產生行為問題。那些叛逆、有反社會人格、對人冷漠、有暴力傾向、成癮症（透過網路、遊戲等方式尋找快感、逃避現實）等問題的孩子，基本上都生活在一個無愛的家庭裡。

很多有這些問題的孩子的父母都生活在一起，但家裡卻冷得像冰窖。家裡有沒有愛，和這家裡有幾個人沒有任何關係。在另一個層面上，雖然婚姻已經很讓人難受了，但這是一種熟悉的感覺，這樣的生活再狗血，自己依然練就了熟悉的應對方式。

真的決定離婚，就意味著要進入一種全然未知的生活，哪怕是有希望的。但是，相對於陌生的未知和希望，很多人寧可留在熟悉的痛苦中。

而從純客觀事實的層面來看，離婚或不離婚，孩子的父親和母親都在，並沒有消失或死亡，孩子始終都有一個爸爸和一個媽媽。

發生改變的是父母內心對彼此的感受。孩子的爸爸（媽媽）還在，是你心裡的那個人沒有了。說得再準確點，是你過去對這個人美好的投射和期待無處安放了。無數次現實和期待的反差，讓你已經不得不無奈地承認，對方真的不能成為你想要的樣子。

學會為自己的選擇負責，面對恐懼和限制

當婚姻的形式分崩離析之後，過去因為這個形式所帶來生命的熟悉感和安全感，還有意義，突然就都瓦解了。

因為有些人生命的支撐，原本就不是來自內心的完整感，而是依賴外部的某個人或某種形式的存在，所以當對方離開或家庭這種形式消失時，接踵而至的是深深的遺憾和孤單

感。然後，他無意識地把這種缺失感投射到了孩子身上，認為孩子也會有和他一樣的孤獨感和缺乏感。

有一種冷是「你媽覺得你冷」。那些總是喜歡給孩子穿很多衣服的養育者，通常自己的體質都不好，所以他們會自然地認為孩子也怕冷，覺得孩子的身體是經不起環境溫度變化的、是脆弱的。

長時間在這種環境的「催眠」下，孩子自己也會產生這種自我認同，甚至自己都會對別人說：「我從小身體就不好。」而這種自我認同又會強化各種疾病產生的機率。

這是父母對孩子很普遍的一種投射，這幾乎是不可避免的。曾經有人問我：「身為父母，對孩子最好的教育是不是就是不給他們任何限制？」

理論上確實是這樣的，但這很難做到，因為最難的地方就在於：你在試圖影響，但你自己未必是知道的。

人們總以為自己看到的或感受到的是世界上唯一的真相，卻往往不能辨識真正的真相。我們對外界所有的看法或者認知都是個人的，都是不同深度自我感受的投射，並不是客觀事實。

比如，一個女孩看著一把椅子說：「這真是一把孤獨的椅子，每天這麼多人都只是使用它——坐它，卻從來沒有人真正關心過它，或者感謝它。」

這女孩說的是椅子嗎？不，當然不是，她說的是她自己。那是她內心連自己都尚未意識到的深層的自我感受，並把這種感覺投射到了那把椅子上。

我們當然也會把這種感覺投射到孩子身上或任何人身上，比如你覺得自己的孩子因為父母離婚了而很可憐，其實是你自己內在的孤單和無助，並不是孩子的真實感受。

當然，在父母認定這就是唯一真相並不斷強化時，孩子未來可能確實會有這種感受，但那並不是必須發生的。對自我有覺知的父母會意識到，感覺離婚之後不完整的並不是孩子，而是他們自己。

這時，他們會非常警覺，並盡可能地不把這種感覺投射到孩子身上，把自己的感受和孩子的感受分開。同時，尋找更多的方法和支持來轉化自己內在的孤獨和無助。

當自己有孤獨感，力量不足時，自己內心深處是知道的。這樣的自己能給予的愛和耐心會非常有限，也很難成為一個合格的陪伴者。因為不相信自己未來能完成照顧好孩子這項「艱巨的任務」，所以就會依賴有人可以補這個缺口。處在這種依賴期的人不只表現在婚姻層面，還表現在生活中的每個方面。

親密關係是非常清晰的鏡子，映照出我們自己的方方面面。感受一段關係已經沒有繼續的任何意義，然而想要自己重新開始是完全可以的。

畢竟在沒有覺醒的時候，就要承認自己做不到「跟誰結婚都一樣」，是一件很難的事。那麼，就尊重內在的渴望，去過自己想要的生活。

選擇了不同的伴侶，就選擇了不同的體驗生命的路徑。父母彼此沒有怨念、沒有失望，能夠成熟地、有風度地帶著感激和祝福分開，本身就是非常重要的一種示範，讓孩子知道如何正確地面對分離。

如果不打算分開，還想在一起，也是可以的。只是這個世界上沒有什麼「委曲求全」或者「迫不得已」，每個選擇都是每個人衡量了各方面的價值為自己而做的。

如果真的對這段關係有留戀、有捨不得、有依賴而留在婚姻裡，就大大方方承認，不要利用孩子作為理由來逃避面對自己的問題。這樣做不僅是對自己婚姻的不負責任，同時也向孩子傳遞了一種非常糟糕的生命態度，先不說孩子會不會感受到巨大的壓力和愧疚感。

這種在面對生命中最重大的選擇時，習慣用「我是因為XX，才不得已如何」的思考方式，一旦孩子承襲下來，對他們的一生將是致命的影響。

他們最終會親手打造出自己荒腔走板的命運，然後又會變成命運的受害者，在不甘心和無力中蹉跎完一輩子。如他們的父母一樣，輪迴往復。

如果自己依然想留在這段關係裡，那就重新在關係中給予承諾，紮紮實實地做自己的功課。為自己的選擇負責，而不是帶著一肚子委屈和不情願。

面對自己的恐懼和限制，去突破它。最終你會發現，沒有什麼選擇一定會決定你的人生。重要的不是你做了什麼選擇，而是你面對自己選擇的態度。

當你不害怕為自己的選擇負全責時，做什麼決定都是正確的！

當你身邊有個「愛無能」的人

對方會跟你說他的悲慘故事，事實上也釋放了一個訊號：我願意講給你聽是因為我信任你，而且我期待你是那個改變我的人。當然，不同類型的人會選擇向一個人或是多個人釋放這種訊號。

「某個人會因我而得到救贖」是種不小的誘惑，許多人都渴望透過一些事來證明自己是與眾不同的。

有讀者說看了我的書之後，越來越意識到自己過去確實是有些幼稚，曾經拚命地想找伴侶索取愛，現在卻能更加理解對方了。看看他的原生家庭對待他的方式，就明白其實他自己也沒體驗到多少愛，根本沒辦法給予，但那時不理解，還拚命地要，結果自己很痛苦，對方也很痛苦。

接著，她說：「我現在意識到他自己都不知道怎麼愛自己，怎麼可能有愛給我呢？」與此同時，她問了我另一個問題，「當我遇到一個這樣的人，我可以做點什麼嗎？」

前兩天，一個朋友馮馮跟我說，她剛和一個男人交往。這個男人三十八歲，和她一樣都有過一段不超過五年的婚姻。

他們在一起已經有四個多月了。他們在一起的時候，馮馮能感覺到對方挺開心的，他對馮馮也很好，可是不在一起時約對方出來見個面，馮馮就感覺對方並不熱情。

當馮馮真的遇到一些事需要幫忙時，對方又很盡心地幫忙。這種不冷不熱的態度讓馮馮感到非常困惑和無力。

「他似乎更享受自己一個人。」馮馮跟我說，「我嘗試跟他溝通，表達我的感受，但他竟然回我『我可能很難達到你的期待，到我這個年齡，已經不可能非常非常愛一個人了』，他這是什麼意思？」馮馮一臉錯愕地看著我。

「他的意思是，他已經愛不動了，經不起折磨了。提前告訴你，是想降低你的期望值，要你想清楚再跟他交往。」我知道馮馮心智還算成熟，能聽真話，就直接說了。

「周梵，那我該放棄他嗎？」馮馮一臉虔誠地看著我，期待我給她答案，完成這道人生選擇題。

反正這種問題我聽過很多，也不差她再問我一次。

我笑道：「是不是我叫你怎麼選，你都會乖乖照做？並且，不管結果如何都無怨無悔？」

果然，上過課的學員反應很快，她馬上明白了我的意思：「其實，我還是很喜歡他的，並不想放棄他，而且我也知道如果碰到一點障礙就放棄並不能解決問題。可是，他這樣的話，我該如何呢？」

我告訴她：「如果你決定要跟這個人在一起，那麼最困難的部分就在於你要在面對他的冷回應時保持自己的無價值感不會被勾出來。明白他這個反應跟你無關，而是對方的內在狀態的一種反射。並且，還要在這種情況下保持自己的中立，不討好、不埋怨、不拯救、不放棄，尊重並信任對方這個重建關於愛的認知的過程。」

馮馮很誠實地坦白：「說實話，之前有好多次，我的無價值感已經被勾出來了。」我猜和馮馮一樣，很多人看到這段話的第一感覺就是——這太難做到了吧。

我並沒有說這麼做很容易，這確實需要有系統的學習和成長才能做到，但正是因為一旦能做到，你就會發現自己的整個生命模式都會改變，這難道還不值得我們全力以赴嗎？

事實上，在這個過程中，我們所得到的成長並不是為對方這個人，而是完完全全地為自己。

如果目前你會吸引一個這種『愛無能』的人在身邊，那麼就表示其實我們內在也有和對方一樣在關係中的無力感和挫敗感。

如果一個人帶著憂鬱的眼神，你就會被對方帶著某種悲情或淒美的故事所打動。這些故事激發了你的保護慾，讓你心疼或心生憐愛，甚至想要把自己貢獻出來拯救對方。

故事就是故事，同一件事，不同的當事人，他們都會有屬於自己版本的故事。一個人在自己人生的不同階段，有不同的心智成熟度，相同的故事每個階段也會有不同的解讀。

別人怎麼講他們的故事不重要，重要的是你會被怎樣的故事所吸引：

當你看到一顆受傷的心在自己面前袒露時，你會很心疼這個人。這種心疼恰好和你內在受傷的小孩產生共鳴，於是一種與他人不同的連結感就產生了。

另外，對方會跟你說他的悲慘故事，事實上也釋放了一個訊號：我願意講給你聽是因為我信任你，而且我期待你是那個改變我的人。當然，不同類型的人會選擇向一個人或是多個人釋放這種訊號。

「某個人會因我而得到救贖」是種不小的誘惑，許多人都渴望透過一些事來證明自己是與眾不同的。

當一個人自我存在感不足時，會很容易掉進這樣拯救的遊戲中，不惜飛蛾撲火般一頭進入一些情感裡。比如，一些已婚男人表達出在婚姻裡的疲憊和孤獨時，對一些女孩來說就會有某種致命的吸引力。

於是，很多人會不惜跳入這樣的故事中，無意識地扮演起拯救者的角色。然後，就會上演一幕幕狗血的愛恨糾葛，深陷其中卻不明白自己是怎樣自導自演還自己當觀眾，創造出這些戲碼的。

而拯救者是很容易吸引「愛無能」的人來到身邊的，因為彼此底層都有愛的匱乏，都渴望從對方身上獲得。我們很難說這是不是愛情，這種情感確實有很多彼此的需要和控制，但同時也具備了彼此救贖的機會。

愛情本來就有個人的需要和期待，以及超越個人需要的屬性。每個人在不同的成長階段，其能夠體驗到的愛情的品質和意義都是不同的。

當你來到更有覺知的意識層面時，自然會體驗到更高品質的愛情，你就會明白在上個階段那些痛得死去活來的戲碼，對現在的你來說並不是真正的愛情。那種傷痛的感覺也會真正地被轉化（而不是被壓抑），但如果你一直停留在同一個階段，是無法體驗這種開闊感的。

沒有人能獨自堅強，但錯誤的人只會偷走你的力量

學會用合適的方法向合適的對象尋求說明，是快速跨越生活挑戰很重要的一種能力。能保持自己的獨立性，不依賴、不攀附，同時又能尋求幫助的平衡點很重要，因為如果只做到前者容易孤立和驕傲，只做到後者又很容易變得依賴和黏人。

很多人過得辛苦，很重要的原因是不太會（也不知道如何）尋求幫助。面對壓力和痛苦時，大部分人的選擇通常有兩種，要麼是壓抑或硬扛，要麼就只是抱怨和訴苦。

其實，訴苦是一種無意識的求助行為，毫無智慧可言。訴苦的人不太會評估傾聽的對象是否有足夠的力量消化這些資訊，也不會關注這場對話是否對自己有價值，以及探索自己到底想從這樣的訴苦中得到什麼。

那麼，壓抑呢？壓抑並不比抱怨高明，這是一種透過自我隔離而避免痛苦的模式，常這麼做的人會變得冷漠而麻木。

通常，男人會更在乎自己的面具人格而選擇這麼做，很少會主動求助或者展現自己的脆弱面。這也是大部分男人都死氣沉沉、了無生氣的主要原因。

學會用合適的方法向合適的對象尋求協助，是快速跨越生活挑戰很重要的一種能力。能保持自己的獨立性，不依賴、不攀附，同時又能尋求幫助的平衡點很重要，因為如果只做到前者容易孤立和驕傲，只做到後者又很容易變得依賴和黏人。

大家常常會跟身邊的人傾訴自己的一些事情，但是如果對方根本沒有足夠的力量接住你的問題，那麼你的傾訴對象可能會變成你的新問題。

很多婚姻問題都跟雙方的父母參與其中有關，捲入的人越多，問題就會升級得越快。

其實，父母能介入子女的婚姻，很多時候都是子女允許的。最常見的一種把父母捲進來的方式，是把自己對伴侶的不滿抱怨給自己的父母聽，這是極其愚蠢的。除非你的父母是非常有智慧且內心穩定、有力量的人，否則當你跟他們提起自己的問題時，他們的焦慮和恐懼很容易被勾出來。而且，你遲早會發現，你還需要去處理他們因為焦慮而造成的各種瞎幫忙所帶來的後續問題。

他們替你出主意，而且通常不會是什麼好主意：

「你必須掌握經濟大權！」

「你要立刻回去跟他談……」

「你以後必須……」

你的原生家庭的信念和價值觀在你的成長中早已無形地嵌入了你的性格中了，很多時候，有些問題正是根據你的性格模式才創造出來的。而用相同的思考模式想到的解決方案，通常不會解決問題，甚至把事情變得越來越糟。

父母試圖安慰你，要你盡快從這個情緒中釋放出來，並且希望你盡快看到自己的問題，讓你從抱怨變成反省，通常用的是否認你的情緒，以及批判的方式：

「兩口子過日子，哪有不吵架的呢！」

「還不是你太嬌了。」

「你那個樣子，別人不嫌棄你才怪。」

在這個過程中，你往往會受到「二次傷害」，原本帶著受傷的心希望尋求慰藉，結果又被一番責備。感受到更強烈的孤獨感和不被理解的心酸。

或者，父母是跟你一起討伐對方：

「他怎麼可以這樣！」

「他憑什麼這樣欺負你？」

「早就告訴你他不怎麼樣，你要小心一點！」

這麼做可以短暫滿足下你的小我，受害的部分被認同並強化。以受害者的角度去解決問題無非就是防禦或報復，不會有什麼好結果，只會讓問題不斷升級。

所以，如果你的父母或其他家人沒有如你所願給予你所想要的支援，不需要對此失望，因為你期待他們做到的事是需要受過長時間的訓練且能量很高的人才能做到的事。他們是愛你的，但這份愛受限於他們自身的能量狀態。

有些人在這方面十分敏銳，可能早早就決定不再跟父母說自己的事了，他們會選擇跟伴侶或朋友聊，這是相對略好一點的選擇，但依然要仔細判別。尤其是那些早期進入你生活的人，他們是否和你同步成長，還是止步不前。

在我們生命的早期，青澀且不成熟，能量也比成長後現在的自己要低。那時候，吸引的人都是與那時自己的狀態相配的。

過了幾年，他們除了外在擁有的東西可能發生了改變，智慧和能量狀態依然停留在過去的水準。這樣的人是沒有力量面對你的痛苦的，他承受不起。他太想幫忙，但又沒有足夠的訓練讓自己處在一個中立而穩定的狀態，只會越幫越亂。

他們會無意識地利用你的故事來論證甚至強化他們想認同的信念，並且加強他們自己內在的受害者感受。表面上，他們似乎在安慰你，其實只是利用別人的故事流自己的淚，並且會不斷強化受害者的角色。

「過日子就是這樣，你別想太多了。」

「連你都會遇到這種事，我再也不相信愛情了。」

「女人（男人）都一樣，現實得很！」

「婚姻怎麼選都是錯的，大家都一樣。」

如果你對自己的能量狀態稍微敏感一點，就會發現聽完這些安慰之後，你的能量是下降的。無力感變得更強，會更憤恨、無奈。

還有些人喜歡批判，將事情貼上一個簡單、粗暴的標籤，或者直接批判你，以此來證明自己是對的。

「早告訴過你這個人有問題！」

「你啊，還是太年輕，又不聽勸！」

「早知如此，何必當初！」

「別哭了，哭又不能解決問題！」

「你說你怎麼這麼傻！」

你抱怨原本只是在別的地方遇到了挫折，希望尋求理解和接納，但是最後你卻發現根本得不到你想要的東西。結果一定是你和對方都會很無力、很失望。

洞察你所傾訴或者尋求說明的對象是否有足夠的能力或能量支持自己是非常重要的。我們的人生都是摸索著往前邁進，在生命中經歷迷茫無措的感覺是無可迴避的。分辨那些不能給你有效幫助的人，去找那些能真正給你支持的人，是人生中很重要的智慧。

愛是累積來的，不愛也是

當我們力量不足，不敢去面對完全未知的生活，對伴侶又有依賴時，我們就只能留在原地，也就需要忍受在那之前自己創造出來的對伴侶的失望感和厭煩感（雖然大家都意識不到這是自己創造出來的）。可是，這樣實在太難受了，所以為了讓自己留在原來的位置可以舒服一點，我們就需要找平。

在任何體驗裡，我們都不是被動的承受者。在愛情發生或消退時，我們都做了決定，允許或者推動它發生。愛或者不愛一個人，不是突然降臨到你身上的神祕力量，而是一個選擇。

其實，倘若真的能有想愛就選擇全力去愛，不愛了也能揮一揮衣袖不帶走一片雲彩的灑脫，倒真不會有什麼煩惱。很多人真實的現狀是，澈底了斷會不甘、不捨，想愛又無力。拿又拿不起，放也放不下，在糾結、煎熬中蹉跎了大半生。

當我說對一個人的感受是一個選擇時，很多人無法接受，因為人們無數次做出了選擇，但是自己並不知道。那些選擇都發生在非常精微的意識層面，都是在無意識狀態下做的。這種狀態是所謂的自動化歷程，佛法裡稱之為「無明」。

在關係裡，我們有以下四種浸泡在無明狀態裡的姿勢：

❶演繹

❷印固

❸遷怒

❹找平

每段親密關係的初始都是美好的，因為如果沒有美好的感覺，根本就不會開始，也就不會有後面發生的各種愛恨糾葛的故事了。我們究竟是如何創造出對一個人愛或不愛的感覺？先從愛到不愛這個過程開始吧。

❶演繹

演繹就是一個事件發生之後，產生了一種情緒，然後在頭腦裡不斷地放大、渲染這種情緒。透過一個場景來講，大家會更容易明白。

一個重要的日子要到了，老公答應太太會準備禮物。結果到了那一天，他全忘了。他兩手空空地回家之後，才想起來，也誠懇地道歉了。女人雖然很不高興，但沒有讓自己失態，當場發作，也說「忘了就算了吧」。

晚上，兩個人在尷尬、微妙的氣氛中上床睡覺了。女人半天睡不著，越想越生氣。因為這種事不爽已經不是第一次了，想起他為他媽媽精心挑禮物時是多麼用心啊，對我竟然這麼不在意……回頭看看旁邊這個人睡得正甜，女人更生氣了：我這麼難過、生氣，你竟然還睡得著！

她可能會把過去那些男人讓自己失望的事情都想一遍，演繹了大半個晚上才睡著。第二天早上，男人還以為前一天的事情已經過去了，結果女人經過一晚的情緒渲染，早就比前一天的情緒強了幾倍，自然是隱藏不住的，於是各種冷言冷語、夾槍帶棒的話時不時地就出來了。

遲鈍的男人自然是被搞得一臉困惑，如果內心力量也不強大，很有可能就吵起來了。而且，面對一個擅長演繹情緒的伴侶，自己的心智又沒有足夠成熟，無法理解的話，他們最常用的話就是：「你有什麼毛病？」

不被理解以及在親密關係裡的無力感就這樣開始發酵了。

❷印固

演繹是創造未來可以印固的素材，印固是不斷強化和感染過去演繹出來的情緒，把那些事件和情緒帶到現在和未來，再進入一個情景。

普通的一天，你正在整理房間，突然看到對方的一件襯衫，想起買襯衫那天在路上吵架的情景，想起他對你說的傷人的話，又想起三個月前他做的一件事，還有昨天他……

如果旁邊有人，看到你只是發了幾分鐘的呆，但是你的內在早就電光石火、百轉千迴了。當你把襯衫收進抽屜裡時，你內在的狀態可能已經跟三分鐘之前完全不一樣了。如果你是個非常衝動的人，可能會延續這個情緒直接做出反應，比如直接打電話給對方，發洩情緒，說些難聽的話。也可能你暫時在行為層面忍住，但等到了晚上，對方回家之後，你看他的感覺已經和早上不一樣了……

有時，一個小小的刺激點，就會引發一次投入的演繹過程。甚至有時，沒有任何刺激點，那些念頭也會自動自發地冒出來。

當然，有這種模式的人非常擅長回味那些受傷害的悲情故事，他們對於細節的描述可以精準到「令人髮指」。那些久遠的故事，如何能在他們的生命中歷久彌新？原因很簡單，因為在故事發生後的生活中，沒有哪一天他們真正活在當下，而是全心全意地活在他們當時所身處的情景之中。他們會不斷地在腦中重播那些故事，在做飯時、獨處時、做愛時、失眠時，一次又一次地回憶那些情景，把過去久遠的感受複製到現在的生活中，變成自己的人生底色。

❸遷怒

這次我來講一個我自己的故事吧。

幾年前的一次，我們一家四口開車去A地旅行，原計劃是開到B地休息一晚，但是那天我們開得很順利、很快，不到下午五點就到B地了。於是，先生提議，不如，直接開到A地算了，反正我們開的SUV的後排座椅可以放倒，孩子們躺在上面睡覺完全沒問題。而且，在車上睡覺的新奇體驗，她們肯定會很喜歡。我覺得聽起來還不錯，就同意了。

結果到了晚上十一點，孩子們太興奮了，怎麼樣都不願意睡覺。我白天開車有些疲憊，只想盡快把她們哄睡，我才能安安靜靜地睡一下。可是，越是希望她們趕緊睡，兩個小妞越是一點想睡的意思都沒有，躺在車上玩得不亦樂乎。而我開始煩躁起來，而且很快，因為睏倦，我感覺到整個頭開始抽痛。

身體的不舒服讓之前的低落情緒變得更強烈了，在能量低的時候，低能量的念頭也隨之而來。我想：要不是這個不可靠的男人臨時改變計畫，我們現在就在飯店裡；孩子們不會這麼興奮，會正常睡覺，我也可以躺在舒服的床上睡個好覺，就不會像現在這麼難受了……

當這個念頭升起後，我比剛才更不爽了。我看了一眼正在開車的先生，他的後腦勺都變得討厭起來。

就在我沉浸在這個念頭幾十秒之後，多年學習成長和大量訓練的效果顯現了：一份覺知突然升起，我的觀察者上線了。我意識到了我正在幹什麼，過去人格中喜歡演繹負面情緒和遷怒他人的老模式又回來了。那些我在成長之前無比熟練的頭腦遊戲，在我情緒低落的時候試圖「死灰復燃」。

當我覺察到這些時，我開始更深入地觀察自己情緒底層的結構：我認為現在已經很晚，她們應該睡了；而且，我內心有個期待，期待她們趕緊睡覺，好讓我可以休息，我現在很需要睡眠。這個執念讓我在面對孩子遲遲無法入睡時變得煩躁和焦慮，而這種煩躁情緒則讓我更疲憊，甚至直接出現了身體反應——頭痛。事實是孩子們不想睡覺，但我因為內心的期待，卻一直在抗拒這個事實。

我剛剛做的事就是我在課程裡常常跟學員講的：「我們在用頭腦裡的期待跟當下發生的事實對抗，而最後一定是事實會贏，因為它正在發生。」而當我沒有覺知地掉到自己正在跟事實對抗的執念中時，就升起了很多不舒服的感覺——情緒上的和身體上的。

而且，為了對抗這個事實，我在頭腦裡分支出一條「如果按原計劃進行」的時間線來。並相信，在那條時間線上，如果沒有老公不可靠的提議，去了飯店，孩子順利入睡，自己安心休息的期待就會完美地發生了。繼而延伸出對老公的不滿，把自己和現實對抗帶來的不適感都讓先生來承擔。

當我看清自己頭腦玩的這些把戲之後，我馬上停止了內心對先生的責備，讓自己更為中正地來看待這件事。事實上，先生提議時，我是同意的。我參與了這個決策，但是當這個結果不如意時，我就不想承擔了，而且把責任都甩到先生那裡去了。

如果真的按原計劃並不能保證一切真的就會順利進行，孩子們在飯店也可能不會早睡，或是又有什麼別的狀況發生。總之客觀來說，沒有任何一個完美的決策可以保證不出現我期待之外的事情。

當看清了這些頭腦把戲的結構後，我做了一個深呼吸，調整了一下。然後，我決定完全接納當下所發生的：孩子們想玩就讓她們玩一會兒就好了，頭痛不舒服就安心地跟自己的頭痛待在一起，也沒有關係。

很神奇的是，就在我做決定的那一刻，我的頭就沒那麼痛了。而當我真的放鬆接納、平靜地陪著孩子們時，沒過多久，她們就睡著了。

可以試想一下，如果我沒有及時覺知到自己在頭腦中演繹的過程，而是任由自己的情緒無限放大，並遷怒到伴侶身上，會發生什麼。那麼，很快我對老公的不滿就會變得更為強烈，那些過往對他「不可靠」的所有批判都會被勾出來，曾經發生的那些不爽的事情樁樁件件都開始湧上心頭。

他只是在前面開車，而我在後面已經「百轉千迴」了。無論我是立刻找碴發洩情緒，還是把這一刻的情緒按下來，當把孩子哄睡，重新坐回前面的副駕駛位置時，我都已經和一個小時之前的狀態不一樣了。我無法平和地跟老公溝通，他無論跟我說什麼，我都會沒好氣地回應，甚至會讓這股情緒影響後面遊玩的行程。

這就是很多人親切而熟悉的日常。

❹找平

前三種姿勢基本是三位一體，你中有我，我中有你的。但是，如果光有前三種，我們是不會進入後面煎熬、糾結狀態的，因為不停地演繹、印固和遷怒，很快對伴侶的厭煩就會累積到極致，然後一秒鐘也受不了要離開。

不過，離開也是需要力量的。

當我們力量不足，不敢去面對完全未知的生活，對伴侶又有依賴時，我們就只能留在原地，也就需要忍受在那之前自己創造出來的對伴侶的失望感和厭煩感（雖然大家都意識不到這是自己創造出來的）。可是，這樣實在太難受了，所以為了讓自己留在原來的位置可以舒服一點，我們就需要找平。

找平不是真的平衡，只是自我安慰。比如，在「演繹」那個故事裡的太太，當第二天她跟老公爭吵之後，離婚的念頭很可能就已經冒出來或快要冒出來了。她氣鼓鼓地去上班，在處理一些其他的事務時，之前的情緒會被沖淡一些。這時，她頭腦裡會冒出另一個聲音：「算了，雖然他對我總是很粗心，但他至少還是很勤奮、很上進……」

也就是說，當我們批判對方的A，引發了自己不爽的感覺。為了讓自己恢復平靜，我們就翻出對方的優點B來補償一下，讓自己暫時好過一點。但是，這種找平並不是真的接納對方，也沒有真的看明白自己的人格模式，因為不久後另一件事情的觸發，你又會「爆」了。

很多時候，人們還會用貶低對方的方式來找平：

「女人嘛，不跟她一般計較。」

「鄉下地方來的，不懂，算了。」

「她年紀小，我就讓她一下吧。」

「男人都這樣，別太計較了。」

這樣的方式看似可以更包容對方一些，但是透過貶低和輕視對方造成關係中的不平等來獲得虛假的力量感，這種力量感是極其脆弱的。而且，會剝奪對方在改變的力量，為關係埋藏極大的隱性傷害。人們容易在關係裡做受害者，要麼受害於某個具體的人，要麼受害於某種更抽象的力量，比如命運、無常、時代、體制……

有意思的是，很少有純粹的找平者或純粹的受害者，他們常常都是在這兩種模式中來回擺蕩。

其實，所有的受害都是無明造成的。無明會影響一個人與他人的親密關係，甚至會影響生命的所有領域：工作、金錢、健康……其實，人生是可以避免在困境中艱難抉擇的。

所謂「困境」就是要麼看不到出路，要麼每條出路就要付出巨大的代價。在情況變成現在這種進退兩難或舉步維艱之前，他們已經做了無數個細小的選擇，才把所有的機緣都牽引、聚集到這種狀態。

只有生活在無數次的無意識選擇之後，累積到足夠大的衝擊，人們才會意識到，這種覺知是被巨大的痛苦撞出來的。不幸的是，很多人對痛苦的耐受力異常強大，所以他們無明的程度也會很深。對自己的自動化反應沒有覺知，就意味著你是沒有自由的，只能任由自己被一股在自己體內，卻毫無覺知的力量拖拽到生活的困境裡去。

無明帶來僵局，而清明帶來自由，自由才會有力量。

有些學員問我：「周梵老師，你怎麼知道你的先生就是你的靈魂伴侶呢？」

我的回答是：「他是不是由我決定，我選擇他成為我的靈魂伴侶。」

別用痛苦來誘惑別人愛你

你需要做好準備去承擔自由帶來的茫然感，從痛苦中走出來有時比忍受痛苦更漫長，但你還是要這樣去做，因為你的人生只有一次，經不起敷衍。

你是否借用痛苦獲得關注和愛

我記得很多年前的一次工作坊剛剛開始上課之前，有位學員過來跟我打招呼。這種事情常有，但是讓我印象深刻的是他對我說的第一句話：

「我上過很多老師的課，包括一些很厲害的大師的課，但他們都無法解決我的問題。聽說你很厲害，所以我還是打算到你這裡來試一試，希望你能幫到我。」

這句話包含了巨大的訊息量。

他在說的是：「我的問題連很多大師都解決不了，沒有人能幫到我，我很孤獨。」因為我的問題很厲害！我的問題很特別！

因此，我很厲害，我很特別。

他真的想解決他的問題嗎？我相信他有一部分是想解決的，畢竟問題讓他受苦，但顯然保留這個問題的需要也同樣強烈，因為他需要這個非常特殊和厲害的問題帶給他某種獨特性的存在感。這是他人格深層的需要，遠超於理性能洞察的層面。當然，這些把戲還是很有效的，畢竟過了這麼多年，我還能記住他，不是嗎？

在吸引注意力這件事上，痛苦確實有效，但一點也不特別，甚至頗為俗套。在我做的這麼多個案中，發現那些故事雖然有著不同的人物關係、不同的時空背景，各種各樣不同的版本，但底層的結構幾乎都是一樣的，小我的把戲是如此缺乏想像力和格式化。

有一次，大女兒發燒了，兩天都沒怎麼吃東西，瘦了一圈。我愛憐地摸著她燒得發燙的小臉，說：「寶貝，好可憐哦。」三歲的小女兒湊過來，嘟著嘴問：「媽咪，我不可憐嗎？」

我當時有些詫異，我知道很多人都會無意識地營造出一種憂傷的生命底色，藉此來獲得關注和愛，但沒想到，這種把戲連一個三歲的小孩都能學會。

透過不斷展示自己的痛苦是人格常用的吸引關注的方式。這是一種無意識的狀態，從某種程度上來說，人格就是以痛苦為食的。透過講述或者在頭腦裡反芻這些帶著悲情色彩的故事，把自己設置成自己世界中的悲情男主角或悲情女主角，這個被自己塑造出來的自我形象就變得越發堅固、立體了。

人們對這種自我形象是很迷戀的，他們會不斷地、反覆地咀嚼童年時的悲慘故事。比如，童年被寄養，或者被同學欺負而被孤立，五年前在工作中被不公平對待……講給伴侶聽或者講給陌生人聽，甚至講給孩子聽。

我已經如此不易了，你還不愛我。

我已經這麼痛苦了，你還不愛我。

一旦人們認同了這個遊戲規則，就會參與進去玩，先扭曲自己，再扭曲別人。以至於陪你愛的人受苦，變成了一件十分天經地義的事情。雖然稍微想一想就會明白，這麼做絲毫不會讓事情有任何好轉。

這也是為什麼有那麼多家長仍舊習慣用自己的情緒控制家人，發脾氣，給臉色看。真正是做到了，一人不爽，全家壓抑。其實，這麼做本質上就是尋求關注，透過這種可以控制別人關注力的方式以找到自己的存在感。而需要刷存在感，是因為太沒存在感了。

受害者就是這樣一個可以控制別人的角色，你可以做伴侶的受害者，也可以做父母的受害者、孩子的受害者，甚至環境的受害者或命運的受害者。

一旦你習慣了這個角色，你就會越來越習慣這種身分背景。任何一種長期存在的自我認同都會帶著某些固定的情緒，如委屈、無力、焦慮、悲傷等，最後甚至連身體機能都會被改變。當某種固定的情緒長期存在時，身體就會習慣這種情緒的「酸鹼值」，並把自己調整為適應這種「酸鹼值」環境的狀態。如果隔一段時間沒有這種情緒物質出現，身體就會不適應。於是，潛意識裡會創造一些狀況來再次體驗這種情緒。

所以，人們會發現，很多人隔段時間就要搞出一點事情，創造一些情景讓自己可以時不時地進入那些熟悉的焦慮、憤怒、煩躁等熟悉的「情緒浴湯」中浸泡一番，因為如果不保持那種狀態，他們會感覺熟悉的自我感被瓦解，身體和精神都會極其不適應。這個過程跟所有的上癮症狀一樣，都會有依賴性，而且需要的劑量越來越大，只是情緒的癮頭更隱蔽地滲透在每個人的生活中。

這也是為什麼一些開始自我成長一段時間的人，如果沒有一股穩定的推動力讓自己持續地成長，很容易在經歷一段全新的高能量體驗之後又退回原來的狀態。

從痛苦中走出來，比忍受痛苦更漫長

從另外一個層面來說，痛苦是極有誘惑力的，甚至帶著某種特殊的美感。這樣的例子最著名的大概就是《紅樓夢》裡的林黛玉了。相比沉穩、懂事的寶姐姐，林妹妹的人氣自然是高出許多的。

那些帶著一股憂鬱氣質的人對很多人都有著致命的吸引力，尤其是那種喪失創造熱情和生命活力很久的人。他們需要這樣的人為自己瑣碎、乏味的生活增添一些強烈的撞擊感，他們渴望生活可以不那麼按部就班，但沒有勇氣冒險把自己的生活當作實驗去活得自成一派。不過，他們能嗅到那些人格中有痛苦底色的人，並被這樣的人吸引。他們會很莫名地心疼對方，想要靠近對方，並演繹一系列相愛相殺的故事。

這種戲劇性的劇情會為向主流價值觀妥協的平庸生活帶來某種意義和深度，不至於感覺自己的生命太過於呆板和淺薄。

就像前面提到那個強調「大師也解決不了我的問題」的學員，這種特殊的痛苦讓他相信自己是與眾不同的、孤獨而深刻的。如果他真的能純粹地享受這種孤獨是很好的，很多偉大的藝術家都有這份對世俗喧囂的超離，這正是他們的偉大之處。但對於這位先生來說，他一邊在抓著他的孤獨和痛苦，一邊還四處張望有沒有觀眾和掌聲。否則，他也不會特地過來告訴我。當然，即使他把自己包裝成一個求助者，騙得了別人也騙不了自己。

這種透過戲劇性的狗血劇情帶來的深度終究還是個贗品。就像小孩子認真地扮家家酒，想盡快成為大人，進入一種更成熟的境界，卻顯得更加幼稚。而孩子真正開始走向成熟的標誌，是他們開始承認和面對自己幼稚的那一刻。

有很多人問我：「周梵，如果我真的變得強大而快樂，那他會不會覺得我不需要他了，因此而離開我？」

這是個好問題，因為這真的可能會發生。有些人對你的愛就是建立在你的無力和痛苦之上的，他們需要這樣一個愛人在身邊，帶給他們可控感和存在感。

這樣的你確實會帶給他們麻煩，你的依賴、你的軟弱，都會讓他們覺得疲憊，他們會因此而痛苦，甚至嫌棄這樣的你。但同時，他們也在享受著，因為當他們自己的力量感沒有發展出來時，只有這樣的你才會讓他們覺得踏實。

你也習慣了以一種無力、依賴的姿態來留住身邊的人。於是，兩個人就建立起了一種近乎病態的平衡。即便是有成嶸的不滿和失望，疲憊或逃避都囤積在這段關係裡，只要大家都不願冒險走出這個熟悉、安逸的牢籠，這樣的關係模式就能一直糾纏下去，消耗彼此的生命力。

但是，只要有一個人願意改變，不想再玩這個遊戲了，這個遊戲就玩不下去了。當你改變之後，你身邊的這個人如果不願意成長，就會離開，再找一個願意陪他玩拯救和被拯救遊戲的人。或者，如果他真的是你的靈魂伴侶，就會度過那個不適的改變過程，然後跟上來。你們就可以一起進入一個全新的關係層次。

你需要做好準備去承擔自由帶來的茫然感，從痛苦中走出來有時比忍受痛苦更漫長，但你還是要這樣去做，因為你的人生只有一次，經不起敷衍。

關係走向衰敗不是不愛，而是不再信任

把我們對別人的要求和愛綁定在一起，事實上是一種隱蔽的控制。每個人都是獨立的個體，無論是孩子之於父母，還是一個人之於他的愛人。每個人都有權利、有自由在內心為自己保留一部分私密的空間，如果認為對方有隱瞞就是對我們不愛的表現，其實是在用愛的名義來綁架對方，就像很多父母用「為你好」的名義控制孩子，逼迫他們是一樣的。

有一次在餐廳吃飯，聽見鄰桌的幾個女孩聊天，其中一個說：「我什麼都可以接受，但不能接受他騙我。」

另一個說：「沒錯，一個人如果不能坦誠相待，說明他根本就不在意你。」旁邊的點頭稱是：「對，我也這麼認為。」

我常常聽到這樣的表達：

「他怎麼可以騙我？」

「你……也就算了，竟然還撒謊！」

我們來看看在關係中大家都是怎樣定義欺騙（欺瞞）的：

「問你過去的事，不是迴避不談就是不夠坦誠。」

「答應或承諾了，但做不到，叫欺騙，說明你不夠愛我。」

「明明是在做A，非要說在做B，就是欺騙，說明你對我用心不純。」

「問你發生了什麼，不說，叫欺瞞（欺騙）。」而且還會想：如果你心裡沒鬼為什麼不說？不說就說明你做了虧心事，心裡有鬼！

在關係中，有情感潔癖的人超乎想像的多，這麼多堅信「我什麼都可以接受，但不能接受他騙我」這個信條的擁戴者都在犯著類似的錯誤。他們不明白，要求一個人保持絕對的誠實，真的是個極高的要求。

很多人在年輕時總是對愛情有著巨大的憧憬，認為只要一個人足夠愛自己，他就必然會對自己百分之百地袒露真心，有一絲一毫的隱瞞都代表了那份愛不純粹。

這是一種相當狹隘的信念，也顯露出人們心性的幼稚。他們在內心依然保留著嬰兒階段的樣子——嬰兒認為媽媽就是屬於自己的，媽媽所有的一切都是圍繞著自己，為自己服務的。在嬰兒期間，有這樣的意識形態當然沒有問題，但如果你已經二十五歲了，依然認為對方「你如果真的愛我，就應該什麼都告訴我」，就需要好好反省了。

把我們對別人的要求和愛綁定在一起，事實上是一種隱蔽的控制。每個人都是獨立的個體，無論是孩子之於父母，還是一個人之於他的愛人。每個人都有權利、有自由在內心為自己保留一部分私密的空間，如果認為對方有隱瞞就是對我們不愛的表現，其實是在用愛的名義來綁架對方，就像很多父母用「為你好」的名義控制孩子，逼迫他們是一樣的。

即使一個人跟你戀愛、結婚，這依然不是我們因此就覺得自己有權利要求對方必須坦露一切的理由。如果你認為婚姻就是你可以束縛對方的權利，那麼也等同於你為自己製造了一個矛盾陷阱。你的婚姻無法擁有絕對的自由，因為你剝奪伴侶的自由，其實同樣也剝奪了自己在婚姻裡的自由。

我們在愛情裡，往往會無限高估愛的力量，好像只有對方足夠愛我們，就可以為我們做到一切。

每個人能給予的愛都會受限於他們對自己愛的程度，一個人不可能給別人的愛比給自己的愛還多。如果看起來一個人愛別人比愛自己更多，那這裡面一定有討好和犧牲，而討好和犧牲的底層一定藏著巨大的憤怒。

所以，一個人可能很愛你，但每個人內在力量的程度不同，內在的安全感不同，能把自己全然敞開給他們伴侶的程度當然也不同。

我相信很多人都有過這種體驗，明明事前反覆思量，信誓旦旦地告訴自己見到對方要告訴他自己真實的想法。結果，等真的見到對方了，說出口的卻是虛假的祥和、美好。

這就和一個人不是想停止焦慮就能停止，不是想不糾結就能不糾結一樣，不是想真實就能真實的。

真實是需要力量做支撐的，或者說真實的程度和力量感的程度是成正比的，越真實越有力量，越有力量也越真實。

如果對方暫時沒有那麼強的安全感，需要用一些防禦來自我保護，但你卻強行要求對方必須坦露，這本身就是一種很自私的行為，因為要求對方全然坦露實際上是為了安撫自身的不安。你只有掌握了對方的想法、歷史，盡可能多的完整資訊，你才會有安全感。但是，你卻不願意把注意力放在改變自己上，去成長，讓自己內心更強大、更有篤定感，而是不斷地要求對方敞開心扉。至於對方內心的脆弱、恐懼、無力，你是不管的，也沒有一絲耐心去支持對方，只是一味地索取，而且還用愛或者道德的名義來粉飾自己的索取。

這就像兩個人都身體虛虧怕冷，但你只知道自己冷，卻看不到對方也冷得要命。你不去想辦法改善體質或找其他的方式禦寒，而一定要對方把外套脫下來給你穿，如果不給就說明對方不愛你。這種自私的行為本身就脫離了愛的本質。如果你都不愛對方、不在意對方的感受，卻指責對方不夠愛你，這種自私、無理的行為不僅無效，也只會傷害你們彼此的關係，讓對方的心越來越封閉。

內心有力量的人在親密關係裡不會把對方的隱瞞當作是針對自己的反應，而是能明白對方只是目前沒有準備好，他們會有更多的信心和耐心去等待和尊重對方的節奏。同時，他們不會在內心不斷演繹各種故事來強化受害的情緒。即使真的有情緒，也會用成熟的、不帶攻擊性的方式真實表達。

對方常常對你隱瞞真相怎麼辦

很多人總是很無辜、困惑地說：「他以前總是什麼都跟我說，不知道為什麼，他現在學會對我說謊了。」其實原因很簡單——因為你沒有承載真相的力量。

對你說謊只因你沒有承載真相的力量

我們再來談談關於欺騙的問題。

對方沒有對你說真話，這是一個事件。但是，不同的人在經歷這件事時會體驗到不同的感覺。如果你發現伴侶或者身邊的人常常對你隱瞞真相，那這些事情都指向一個方向——你目前沒有接納真相的力量。

記得在一次工作坊上，一個學員說：「我現在的問題是，孩子越來越大了，有很多自己的想法了。」

我說：「孩子當然會有自己的想法，就像你也會有自己的想法。這很正常，也不能算問題。之所以你認為這是個問題，是因為孩子的想法和你的想法不一樣，對吧？」對方說：「是的。」

很多人都是這樣，人們真的希望對方真實嗎？不，人們只希望對方的真實正好符合自己想要的樣子。如果你沒有力量接納你身邊的人呈現出他們真實的樣子，他們的真實會讓你不舒服，那麼在你們關係的發展中，必然會產生謊言和欺瞞。

很多人總是很無辜、困惑地說：「他以前總是什麼都跟我說，不知道為什麼，他現在學會對我說謊了。」其實原因很簡單——因為你沒有承載真相的力量。

事實上，一個人的真實程度取決於他評估對方是否能聽真話，因為同一個人在面對不同的人時，願意真實表達的程度是不同的。就像一個孩子會選擇跟好朋友或陌生人吐露心聲，卻對父母的探尋嚴防死守。這其實是一種生命的本能智慧，感受到環境不安全時就要保護自己。就像衝動承諾一樣，很多人也會衝動地要去聽真話。當你沒有承載真相的力量時執著地要聽到真相，對彼此都會是一種傷害。

而另一些人在面對這種情況時，會想到對方可能不願意讓他知道，怕他擔心，或者不想破壞自己在對方心中的形象，或者是想保護自己，又或者會反思是不是自己有時候對一些事情反應過度，讓對方不願意告訴自己。

當發現伴侶沒有對自己說實話時，一些人會感受到不被尊重，會有被背叛的感覺，甚至會質疑對方的愛是否真誠，又或者對方真的說實話了，你就會擔心和批判對方。比如，一個男人對他妻子說：「沒關係，你說出來，我真的不會生氣。」結果，對方就傻傻地相信了，全部都說了出來。

男人聽到真話，發現自己根本沒有力量平靜地承載下來，內心各種湧動，但畢竟有言在先，也沒有當下發作。但是一個月之後，在兩人的一次爭吵中，男人一直壓住的部分馬上被翻了出來：「你那個時候還不是……」

他妻子才知道自己當時說實話是多麼愚蠢的決定，把自己陷入這樣的境地。接下來會如何呢？只要對方的智商基本正常，那麼下一次，你再跟對方說「我們談談吧」、「沒關係，你就告訴我吧」，對方一定會打死都不再吐出一個字。

很多人來聽我的課程，都會很無辜地跟我說：「周老師，你說要溝通。可是他什麼都不跟我說，總是沉默。我真的很難過。」

有一個叫文惠的學員在課堂上提問，她說，十三年前有一次，她先生在電話裡抱怨自己的公司沒有幫員工保險，他很生氣，在電話裡說了好久。文惠為了安撫他就說：「沒關係啊，要不然在我們公司幫你保也行啊。」

這件事文惠本來早就忘了，但過了十三年之後，有一次她先生突然跟她說：「你知道嗎，你當時說那句話，我覺得你是在羞辱我。」文惠聽聞這話十分震驚，覺得她先生實在是太小心眼了，才這麼一點小事，有必要這樣嗎？而讓她更生氣的是她先生竟然過了十幾年才跟她說。

她在跟我說這件事的時候憤憤不已：「他為什麼當時不告訴我，要過這麼多年？這麼多年，他竟然一直憋在心裡。」

我反問她：「如果他當時就告訴你，你是什麼感覺？」

文惠說：「我會覺得他怎麼這麼敏感，有必要嗎？」

我大笑：「那他當時告訴你，跟過了十幾年之後告訴你有什麼區別嗎?你一樣都不能接納他的感受啊。而對方正是能感覺到你的不接納才一直不願意說啊，所以他需要用十幾年憋在心裡積蓄力量才有勇氣面對你的不接納，把心裡的話表達出來。

「你其實本來就不能接納對方的感受，對方的感受讓你覺得委屈，覺得好心沒好報。所以，你只希望你表達的支持被對方完全接受，至於你表達的方式，還有對方那個時候的狀態適不適合你這樣的表達，你是不願意去深究的。你完全被那種好意不被心領的委屈填滿了，所以你沒有多餘的注意力去關注你先生的感受。這時候，你就會用『有必要嗎』、『他太敏感了』這種批判的方式否認他的感受。同時，你避重就輕地抓著他『過了這麼多年才說』這個理由，只不過是為了讓自己委屈的感受看起來更合理一些而已。」

這個世界上任何事都是有因果的，如果你身邊的人總是對你有所保留，那麼你需要問的是自己是否缺乏承載真相的力量。

你要真正地明白，自己過去在生活中的每一次言行，都是一塊小小的材料，你用這些材料堆砌出現有的生活。如果你不喜歡，那也沒辦法，因為每一塊磚都是你親手放上去的。

愧疚感，是關係中最不需要的

一個人問伴侶這些問題：

「在我之前，你有過幾段感情？」

「你們當時怎麼分手的？」

「你還愛那個人嗎？真的一點都不愛了？你確定？」

「那你愛我嗎？你會一直愛我嗎？」

當這些問題問出來時，你已經在傳遞不信任的能量了。其實這時候，對方的答案根本不重要。重要的是，在這些話問出口時，你有沒有認真問問自己：「什麼樣的我才會問出這些問題？」

是自信的我，還是自卑的我？我到底想要得到怎樣的答案？這些問題為什麼對我這麼重要？我對它們有著怎樣的認知？這些認知是真的嗎？有助於讓我變得更快樂、更自信嗎？

每次談到被欺騙的故事時，「受害人」開頭總是：「我不小心看了他的手機。」哪有那麼多不小心？

你要把手機拿起來，滑開手機螢幕，要輸入密碼，你還得試密碼，然後點開通訊軟體或通話記錄，翻到對話介面……至少有六七個動作需要完成，你說你這是不、小、心？

反正我不信。

每一個動作你都有機會停下來，問問自己：「我到底在幹什麼？我到底想窺探什麼？我是怎樣變得這麼不自信的？」但是你沒有，你無意識地順著本能反應完成了每個動作。其實，你不如面對自己內心的恐懼，你就是懷疑自己是否值得被愛，所以總在自導自演創作被欺騙的故事，來坐實自己就是不夠好、不值得被真誠以待的信念。

比如，你看到對方通訊軟體裡的對話，他是被哥兒們約去喝酒了，他三更半夜回來卻說被主管留下來加班。

你可以直接告訴他，你知道真相了，但是你卻要扮演一個兼具偵探功能的法官，誘導對方撒謊：

「你們老闆怎麼把你留這麼晚啊，是留你一個人，還是大家都留下來了？」

「哦，我們部門有好幾個都留下來了。」

「是嗎？那還有誰啊？」

你就死死地盯著對方的眼睛，試圖捕捉到一些心虛或者愧疚的神情，而傷心的是對方竟然可以如此坦蕩地撒謊。你感覺到身體發熱、胃部收緊，這種熟悉的、刺激的、傷痛的感覺又來了。

很多人都熟練地玩著這種把戲。無論是對待孩子，還是對待伴侶，都喜歡掌握鐵一般證據之後再誘導對方撒謊，然後親手戳破謊言。看著對方無言以對、無地自容的樣子，樂此不疲地享受著這種戲碼帶來的勝利者快感。而且，最重要的是在這快感裡還有痛感。這種複合型戲劇的強烈情感是小我最喜歡的，而這份痛感其本質，是人們自己創造出來的。

因為擁有這份疼痛的感覺，你又可以穩坐受害者的寶座，手中還掌握了可以操控別人最好的籌碼：

「你竟然當著我的面騙我？」（還有不當面的嗎？）

「我太傷心了！」

「我那麼相信你，你竟然這樣對待我！」

「你太讓我失望了！」

只要你成功地激起了對方的愧疚感，這次辛苦布的局就算成功了。你不僅成功地用愧疚感懲罰了對方，而且對方因為愧疚，自然就會想補償。那麼，對方在接下來的一段時間就會變得比較「乖」，願意壓抑自己真實的需要和感受來滿足你的期待。直到實在受夠了，然後反撲，反覆循環。

於是，你可以在一段時間內拿到關係中的掌控權。可是，很多人都不知道，補償並不是愛，補償更像是還債，而沒有人會愛上自己的債主，愧疚感是關係中最不需要的。

可是，一旦你開始玩這種遊戲，在關係中已經沒有愛了，你就成功地把你們的關係變成了一種博弈。於是，雙方開始鬥智鬥勇，你們都會變成身經百戰的高手，彼此都會發展出更多的方式來控制和反控制。比如，男人大多選擇隔離、冷漠，女人大多選擇控訴、抱怨，還有一些男女老少都常用的方式——發脾氣和生病。

所有的考驗都是一種自我實現，人性經不起假設，而所有對他人的不信任就是對自己所生活的世界的不信任（每個人的世界感是不一樣的，有些人覺得世界很安全，有些人覺得世界很危險），本質上都是對自己的不信任。

內心強大的人面對什麼都感覺自己是安全的。內心無力的人，相信自己的弱小是真理，所以自然覺得外面的人都強大，在哪裡都覺得危險。因此要處處提防，而且防不勝防。

不要說「我不信任他」，真相是：「我對自己的不信任被他勾出來了。」而更有力的表達是：「我選擇把對自己的不信任投射到了他身上。」所以，不要問這個人還值不值得信任，而要問自己有沒有力量去信任。

當小鳥在數公尺高的樹枝上安心地閉目休息時，並不是因為牠相信樹枝，而是相信自己的翅膀。你並不需要滿世界去尋找一個值得信任的人，你只需要找回信任自己的力量。

別讓「隨緣」變成無力感的狡辯

我們深知所有的決定後面都有風險，我們要為自己的決定承擔後果。當內在的力量不夠時，人們就很自然地希望別人能來幫自己做決定。這是一個僥倖心態的策略，因為讓外力來為自己做決定時，我們是可以避開那些在做決策的過程中看到的自己的無力感以及內心的空洞。越不敢面對就越無力，越無力就越不敢要，於是變成一個封閉的循環模式。

人最大的障礙是對自己盲目

不知道從什麼時候開始，身邊越來越多的人開始談隨緣。

如果說前面的「忍」字大法是直接了當地閹割自己的力量，那麼用淡漠、超然的態度或者宗教理論來美化自己對承擔生命責任的逃離是相當不錯的選擇。

不知道自己要什麼，似乎什麼也不想要。如果需要做決定，他們就會希望從外面得到答案，可以從父母、朋友等那裡得到答案，似乎只要那個主意不是自己決定的，就會比較可靠。

我們深知所有的決定後面都有風險，我們要為自己的決定承擔後果。當內在的力量不夠時，人們就很自然地希望別人能來幫自己做決定。這是一個僥倖心態的策略，因為讓外力來為自己做決定時，我們可以避開那些在做決策的過程中看到的自己的無力感以及內心的空洞。越不敢面對就越無力，越無力就越不敢要，於是變成一個封閉的循環模式。

有學員問我：「如果我想分手，但對方不同意怎麼辦？」

請允許我先笑一下。

你分手還需要徵得對方的同意？對方不同意，就沒辦法分手了？你的意思是對方的態度妨礙了你完成想分手的目標嗎？所以沒分成，怪他囉？

不如對自己誠實點：「我還沒有力量獨自做這個決定，我的決定需要整個世界支援我。就算只有一丁點反對的聲音，都會讓我動搖。即使是個分手的決定，都需要分手對象支援我才能完成。」

無力感讓我們在所有選擇面前彷彿被抽走了所有的智商，靈感和直覺更是消散得無影無蹤。

人最大的障礙是對自己盲目，不清楚自己到底是誰，就不清楚自己到底要什麼。這時，能力越強越危險，因為你很可能會破壞掉自己真正想要的東西，去換取一些以為自己需要的。而痛苦是一劑讓人清醒的良藥，被刺痛之後才會有機會看清自己的盲目。

人類的痛苦只有兩種：一種是失望的痛苦，另一種是厭倦的痛苦。

失望的痛苦，讓你看到自己對外界那些人或事的依賴，每一種依賴都是內心的一個空洞。這本身沒什麼，我們活在世上不就是讓自己內心的空洞不斷被填滿，歸於完整嗎？

被封為日本經營之神的稻盛和夫曾經說過：「我希望在離開世界的時候，靈魂能夠比來時更好一點。」

這些渴望能放下就放下，放不下就去創造想要的結果，無論是物質、情感，還是精神層面的成果。如果在獲取的過程中，我們結下了各種因緣，就有機會藉由這個過程看清自己。

求而不得是一種很重要的提醒，讓我們看到自己在智慧、能力、慈悲、性格完整性上的缺失，期待落空反觀自照是最容易發現自己盲點的機會。但是，很多人在求而不得的失望之後，並沒有覺知到自己的盲點，要麼是對外歸因，要麼只是去做些邊邊角角的修補工作。

就像一個女人發現自己的老公越來越不願意跟她說心裡話，態度越來越疏遠。她也開始意識到了自己有問題，但只是去弄個頭髮、做個護膚保養，或者買個禮物向家人道歉。這種行為層面或形式層面上的變化也許在短時間內可以產生一點點細微的作用，但如果無法深刻地意識到自身人格模式上的問題，就無法長久、切實地得到她想要的關係。

而一個人看不到自己內心底層的自卑和無力，只靠名牌服飾或者美容保養包裝自己，短時間內感覺心裡好像有信心了一點，但很快，對自己的懷疑和對未來的慌張會更兇猛地捲土重來了。

當你要解決問題時，必須有新的思考角度

如果沒有做到結構性的轉變，是不會有真正意義上的變化的。這就像是往餿掉的菜裡加辣椒、醬油等調味料，吃起來更容易入口一點了，但菜終歸還是餿掉的。現實中，大概不會有多少人這麼做，但人們在生活中對待腐朽的關係或工作時，就是這麼做的。很多人確實是希望在壞掉的菜裡添加調味料就能獲得一盤新的菜。當他們失望地發現這盤菜最終還是壞掉的，會無比失望和委屈。

他們會說：「我努力過了啊，我所有的方法都試過了，真的！但沒有用。」

他們在說這話的時候，你能感到一股滿滿的悲壯感。

其實，他們的所有方法，無非是發現在壞掉的菜裡光加辣椒沒用，又嘗試了加胡椒粉、醬油以及所有他們能想到的調味料。

愛因斯坦說：「我們無法用製造問題的層次去解決問題，因為正是原有的層次創造了你當下的問題。當你要解決問題時，必須來到一個新的思考層次。」

這種意識角度的升級才能帶來全新的結果，這也是我前面提到的結構性轉變。這種轉變是一個工程、是一個系統，它需要精準、深入、持續，且有結構性，也確實需要更強大的改變意願。

沒有意識到解決問題的視角還有其他角度時，我們就會一直停留在原有的角度嘗試改變。經歷了數次失望之後，許多人轉而開始進入一種隔離狀態。我能理解，這是人格的一種自我保護，是為了避免感受痛苦。但在我看來，這個損失著實太大了，因為這種掩蓋失望和絕望的痛苦也必然要同時隔絕希望。就等於說，我們自己人為地禁絕了那些美好進入自己生命中的可能性。

這還不是最糟糕的部分。

人有一種本能——會捍衛自己的念頭，所以無論之前的決定是基於什麼理由，每次動盪的時候都需要靠自我說服來讓自己穩定。

逃避虛弱感而迴避面對自己的渴望之後，你看似只做了一個決定，但為了讓這個決定可以被堅定地貫徹到你生活中，你需要不斷地用其他的信念和概念合理化自己之前的決定。

我想起很多年前參加一個禪修營。一位一起修行的朋友在兩次戀愛都以分手而告終之後，開始參加各種禪修閉關。那時，她已經單身近七年了。她說：「我現在已經不需要親密關係了，我只要跟我的內在精神有連結就足夠了。」

說到「跟我的內在精神有連結」這幾個字時，她的下巴微微抬起，嘴角上揚，露出了一抹不易察覺的得意的微笑。

這真的是個很安全的辦法。

腦子裡想像的形象永遠都不會讓你失望，但真實的人卻會讓你體驗到失控感。神不會給你真切的回應，所以只要不進入一段真實的關係，你永遠不知道自己到底是放下了期待，還是假裝放下。架空於現實的靈性成長，只不過是另一種逃避。

就像艾克哈特說的：「在深山裡打坐很容易進入到平靜、安寧的狀態，但檢驗你是否真的過關了，回家跟你老媽住兩個星期，你就知道了。」

無論是對關係的需要還是對物質的需要，去正視它們就好。

追逐物質沒什麼可怕的，它只是人們對於貧窮記憶的補償。物質帶來的快感往往超乎想像的短暫，物質滿足之後接踵而來的是虛無，虛無會促使人們探尋生命深層的意義。所以，那些文化或意識形態的革命多由富家子弟來主導，從黑格爾到杜威、從亞里斯多德到叔本華、從柏拉圖到馬克思，還有眾所周知佛陀和他的俗家身分——一位王子。

在我看來，承認自己有欲望並不丟人，可怕的是虛偽和麻木。當我們不敢面對自己的欲望時，自然就會開始粉飾它。這種粉飾會提供一個副作用，這個副作用就是自我的分裂。自我的分裂會帶來能力和自信的大量流失。

你會在底層真實的需要和表層與世無爭的形象裡來回拉扯、掙扎，這本身就是極大的消耗。

當一些大大小小的事情觸及你的利益時，你無法磊落地為自己爭取，甚至連表達的力量都喪失了。這樣的事情比比皆是。

這種拉扯所帶來的痛苦太小，很難引起我們的重視，我們生活中不太會常常面對重大事件的痛苦抉擇。但是，這種因為內心的分裂而創造出的小劑量的糾結，在你的生活中每天可能會發生無數次。每次的劑量都不大，大概只會消耗百分之一或百分之二的能量，但累積起來卻可能讓你一天又一天疲憊不堪，成果不多，但人卻累得半死。在這種狀態下，是很難去談什麼創造力、影響力、決斷力的。

我記得有一次，我公公到我們家來做客。我公公住的地方在城市的另一端，加上他老來得子，年齡大我足足四十六歲，平時很難有什麼交集，所以我跟他的關係一直淡淡的，僅限於基本的打招呼。那天，公公離開的時候我正在書房看書，沒有出去，不想被打斷，也覺得那樣的告別寒暄有些尷尬。先生送我公公出門之後回來，半晌沒有說話。過了一會兒，他坐到我的旁邊，跟我說：「今天，你對我爸的態度，我覺得有些不舒服。」

我有點詫異，這幾年，我們都越來越成熟，感情一直都很好，他很少會這麼嚴肅地向我表達他的不滿。

我問他：「你覺得我哪些表現讓你不舒服了？」

他說：「我爸難得來一趟，你對他一直都很冷淡，而且他離開時，你連個招呼都沒打。我覺得你不夠尊重他，這讓我覺得我自己也不夠被你尊重。」

他表達得很直接，也很清晰和真實。

我說：「你知道爸爸跟我可以溝通的共同語言實在太少，這不是他的錯，但我也不願意勉強自己。我不喜歡為了寒暄而找話說，這會讓我覺得很不自在。所以，我沒辦法如你期待的跟爸爸熟絡、熱情地侃侃而談。但是，我可以做到對他更禮貌一些。他來我可以起身迎接，他走我可以起身相送，如果有必要送下樓也是可以的。我做到這樣，你覺得可以嗎？」

他沉默了一會兒，很認真地想了想，說：「嗯，可以。這樣我會感覺好很多。」

我抱了抱他，對他說：「很抱歉，今天讓你有這樣不舒服的感覺。也很謝謝你願意把這個感覺第一時間告訴我，而不是憋在心裡。」

他摸了摸我的頭，告訴我：「我知道，你是為了我才願意這樣做的，也謝謝你。」

在我們的婚姻中，現在有很多這樣的時刻，既有關心和陪伴，又有尊重和空間，所以現在的我們相處得非常舒適、幸福。這樣的親密關係沒有一絲一毫的消耗，而是讓我們都得以滋養，可以更加激發彼此的創造力。當我們的親密關係來到一個全新的層面時，我們真的成了對方最好的朋友、夥伴、家人、搭檔、情人……我們可以彼此信任和支持，同時發生的，就是我們的事業和金錢都有了巨大的飛躍。

我們藉由這段關係越來越能夠看清自己，也越來越懂得如何愛身邊的人。

以前的我們常常會把不好的感覺壓在心裡，總是自我安慰：「這些都是小事。」「算了，說了免得惹對方不高興。」……但是，這些沒有被表達和處理的情緒都會一點一點囤積在內心深處，直到有一天累積成一個巨大情緒，經由最後一根極小的稻草就連本帶利地爆發出來。傷人傷己。

這些溝通、相處的智慧和能力不是我們一開始就擁有的，是在不斷地成長和學習之後獲得的。

在無數次的失望、憤怒、委屈之後，很多次都有想放棄的念頭，但最可怕的放棄不是打算離婚，因為至少那還代表你有重新開始的勇氣，最可怕的放棄是認為「婚姻就這樣了」。於是，好像別無選擇般留下一個了無生氣的軀殼在死氣沉沉的婚姻裡。好像是婚姻榨乾了你的創造力，但其實在它放棄你之前，你早已放棄了它。

「你知道什麼叫作失敗？真正失敗的人，就是那種特別害怕不能成功，怕死了，連試都不敢試的人。」

——強納森．戴頓導演的電影《小太陽的願望》

當我們粉飾自己的欲望而表現出淡薄、寡欲的形象時，就很難給予對他人需要的尊重和允許。即使是行為上允許了，內心依然會湧起一種微妙的優越感。因為在內心深處，我們並沒有和人性的欲望和解，我們依然害怕被它控制，於是採用了另一種方式，透過壓抑和貶低欲望來換取主導權。

輕慢他人的需要讓我們失去建立與他人真實關係的能力，也就失去了與人長久合作以及影響他人的能力。不敢面對自己需要的時候，自然也無法尊重別人的需要，那麼就更不可能與別人建立長久而親密的關係了。最大的創造力會發生在有信任、有默契的團隊裡，無論這個團隊是工作場景或是家庭場景。

與世無爭的灑脫確實是一種極高的境界。

在佛學裡有個詞專門描述這種境界——出離心。有出離心會讓人生出大智慧，反倒會讓人變得更有能力和魄力，收放自如地應對很多事。這正是老子「無為而治」的精髓——在又不在。最好的管理就像空氣，你知道它極其重要，也無時無刻不被它支持著，但卻常常意識不到它的存在。能做到這樣，就已經達到了大師狀態。

這份出離心是基於已經自我滿足過，看破並超越了欲望，而不是求不得之後的自欺。如果自己尚且沒有到達這個境界，大方承認就好。

學會和自己的欲望和平相處很重要，承認它，尊重它，面對它，滿足它，然後才可能超越它。

Chapter 3

你告訴對方：「我可以原諒你，但你要保證以後……」這其實是一種誘惑。對方為了取悅你或者急於獲得原諒時，會衝動地給出你想要的承諾，但並不會真的去清楚地評估自己是否有能力做到（或者面對你根本不敢說真話）。當你用這種誘惑要求對方進入一個自己的能力根本無法涵蓋的範疇時，也是在某種程度上削弱了對方的力量感。

對方會因為自己一次又一次的食言而感到愧疚、對自己感到無力和憎恨，甚至一翻兩瞪眼，最後澈底放棄。內心會對你所給予的誘惑產生巨大的憤怒，而這種憤怒也會不可避免地蔓延到你身上。為了增加一點點自己對未來的信心而索取一個保證，對你們的關係並沒有正向的作用，只會加深你們之間彼此的不信任和怨懟而已。

我們要明白有意願是一回事，有沒有能力做到又是另外一回事。連你自己都常常會在原諒還是決裂中左右搖擺，無法做到自己所期待的堅定、平和。

信任同樣也是種能力，不是頭腦裡有個意願想信任就能信任的。

金錢真的是婚姻的照妖鏡嗎

事實上我們需要明白，影響婚姻的不是金錢，而是你的金錢觀，以及生命觀：你內心深處相信錢代表什麼，錢應該怎麼花、花在哪裡；錢和愛是什麼關係；你應該怎麼給我花，我都是怎麼花的；花多少錢該一起商量，多少錢可以自行決定；錢賺得多的那個人在家裡是否可以有某些特權，還是應該完全平等……等等。

你會賺錢就會有「金錢優越感」嗎

當金錢阻礙了人們某些夢想的實現時，人們就會變得心情低落、喪氣，會找人發洩不滿，而通常這個發洩對象都是我們的另一半。

在親密關係裡，無論兩個人是從不談錢還是習慣因金錢而爭吵；買房還是租房，去哪兒度假，用什麼牌子的洗髮精，以及討論幾十元的咖啡或幾百萬元的汽車……金錢涉及生活的方方面面。

有讀者跟我說，兩個人風花雪月、你儂我儂的時候怎麼都好，只要涉及真金白銀、明碼實價的事情，之前的柔情蜜意瞬間蕩然無存，立刻劍拔弩張起來。

這樣的事情發生多了就會讓人寒心，感覺愛情似乎很脆弱。那些美好的時刻、情話，到底有多少值得信任呢？又有哪些才是恆久、真實的東西？不免讓人覺得幻滅。

難道感情真的經不起金錢的考驗嗎？這絕不是金錢的錯，更不是婚姻的錯。

金錢和婚姻都是放大鏡，會把一個人潛意識深處的信念放大並呈現出來。在沒有結婚的時候，你可以只活在社會形象中，一旦結婚，你的伴侶會馬上清楚地看到你的陰影人格，那些弱點和底層的狹隘念頭都會呈現出來。金錢也一樣，沒有錢的時候，你品格上的毛病可能不明顯，或者沒有機會呈現出來，力量小，危害也小。一旦你擁有了大量金錢，所有的缺點都會暴露出來，一切都會被放大。

這個世界的超級富翁巴菲特非常誠實地說：「從我認識的億萬富翁來看，錢只會讓他們顯露出本性。如果他們沒錢的時候就是混蛋，那他們有了十億美元之後依然是混蛋。」

所以，事實上我們需要明白，影響婚姻的不是金錢，而是你的金錢觀，以及生命觀：你內心深處相信錢代表什麼，錢應該怎麼花、花在哪裡；錢和愛是什麼關係；你應該怎麼給我花，我都是怎麼花的；花多少錢該一起商量，多少錢可以自行決定；錢賺得多的那個人在家裡是否可以有某些特權，還是應該完全平等……等等。

小女兒四歲那一年，我先生跟我提起去印度瑜伽聖地瑞詩凱詩（Rishikesh）習練瑜伽的想法。要待一個月，他有些動心，但是擔心我太忙，公司和家裡一個人顧不過來，一直在猶豫。那幾年正是我的公司和個人事業的高速發展期，公司市值在三年內翻了近五十倍，我的課程也排得很滿：寫稿，處理公司事務，講課，個案諮詢，開會……有時連午餐時間都會安排各種會談、會議。

在家照顧孩子的事情也很多，雖然偶爾可以讓鐘點工幫忙接小朋友，但是每天早上七點十分之前就要把兩個小妞送上校車，是必定要進行的例行工作，還有晚上小朋友們的盥洗，以及哄她們睡覺講故事。平日裡，早上一直都是先生送孩子們上學，我早上就可以多睡一會兒。還有很多家裡的瑣事都是他在承擔，有時我工作累了想早點睡，他會幫忙哄孩子睡覺。

我知道如果他不在家，這一個月對我來說意味著什麼。這代表家裡沒有人可以接替我，工作了一天之後沒有喘息的時間，要迅速進入全職媽媽的狀態。但是，我覺得我可以試試：一方面，我知道他那段時間狀態不太好，需要一個這樣的機會放空自己、滋養自己；另一方面，我也想突破一下自己，看看打破熟悉的生活流程，自己能否適應。其實，我對自己還是很有信心的。

所以在我的鼓勵、慫恿之下，先生訂了去印度的機票。出發前三天，他還有些不放心地問我：「你可以嗎？我還是可以退掉或者改期的。」但是，我依然愉快而堅定地把他送上了去印度的飛機。

後來證明，我可以完全搞定。我還臨時決定最後十天帶著兩個妞去印度探班，順便帶孩子們體驗一下瑞詩凱詩的風土人情。

因為感受還不錯，過了六個月，我也去印度待了一個月習練瑜伽。當年的十二月，他又去東北雪鄉度假旅行，為期十天。他出去的第七天，我帶孩子們去我媽家吃飯。吃完飯，媽媽突然問我：「他什麼時候回來？」我說還有三四天吧。我媽有點不高興，說：「怎麼又出去這麼久？今年不是才在印度待了一個月嗎？你這麼忙，他還老是往外跑。」

我說：「他平時也蠻忙的，是需要休息、放鬆一下。我不是也一樣有時需要休息休息嗎。」

我媽說：「那一樣嗎？」

我說：「哪裡不一樣了？」

她頓了一下說：「你是那個養家的人啊。」

我看著她一臉嚴肅的神情，忍不住笑了：「媽，你知道嗎，你這個叫『金錢的優越感』，好像賺錢少或不賺錢的人就低人一等，就沒有權利休息或享受。這是不對的。」停了一下，我又說，「如果我們的角色反過來，他是賺錢的人，我也一樣覺得我可以休息、享受。」

這段話說完，我媽許久沒有說話，陷入了沉思。我知道，她聽進去了。

以前，我媽對我有很大的影響力。她對我先生的不滿會引發我的情緒，會讓我煩躁或去跟她爭辯，但現在的我走過了那個階段之後就非常清楚，身邊的人會影響到我們，其實是因為內心認同對方說的，才會引發內在的波瀾。我們完全身心一致地相信並踐行的方向，是不會被別人影響的，甚至會反過來影響他們。

一個人賺多少錢，取決於他和金錢的關係

在親密關係裡，我們很容易有金錢的優越感或者卑微感。伴隨優越感而來的是強勢、控制，伴隨卑微感而來的是不安、討好。

無論是優越或卑微其實都是自身的價值感和力量感不足的表現，才需要把自己的價值和金錢綁定在一起，所以賺錢多的時候就會有力量，但這種力量是虛假的，是透過比較而來的。如果另一半賺得比你少，你就有自信；如果對方比你賺得多，這種自信瞬間就會坍塌掉。

只不過每個人會把自己的價值感和不同的條件綁定在一起：年齡、學歷、家庭出生、外貌……只要我們無法全然地、無條件地愛自己，就一定會把自我價值和外部條件掛鉤。就會物化自己，當我有用時、賺錢多時、漂亮時、健康時、聰明時……我就愛自己，反之就對自己充滿了批判和厭惡。

如果我們無法給自己無條件的愛，自然就無法給予伴侶無條件的愛，就會物化對方，對另一半的感情就會充滿了得失計算。

而且，自己的價值感越低，內在就會越匱乏，對金錢也就有越多的攀附心。會不斷強

化金錢的作用，並把自己對金錢的焦慮或攀附投射到另一半身上。

我記得幾年前一次在網路上看到一篇文章，講一個國外的普通女性，懷孕的時候身材變胖走鐘，精神狀態也非常糟糕，幾乎要得憂鬱症。但是，生完孩子之後，她開始積極地運動、自我成長，過非常自律的生活。孩子四個月的時候，她的身材就恢復得比分娩前還好。

網路上還有她在游泳池邊抱著孩子的照片，身材確實棒極了。

那時，這種辣媽網紅還沒有現在這麼多，所以第一次看這個故事，真的覺得滿滿的正能量，好勵志，立刻感受到了信心！但讓我留下深刻印象的不是這篇文章，而是這篇文章下面的留言，有不少人說：

「還不是有錢。」

「我要是有錢請三個保姆，我也能瘦得下來。」

「像我們這種沒嫁給富豪，只能自己每天帶孩子的媽媽哪有時間健身。」

當我看到這些評論時非常詫異，我不知道這些人是怎麼看出文章裡的辣媽家裡請了三個保姆的。

也不知道為什麼運動塑身成功與否這件事跟有沒有錢變成了因果關係，好像生活中一切問題都是因為沒錢才會出現。就像有些男人很喜歡說：「她跟我分手就是因為她嫌我沒錢，她想找個有錢的。」

可是，他們卻從來看不到自己性格中的情緒化、多疑、暴躁、粗糙的生活態度才是讓對方真正失望的原因。

前面說影響婚姻的不是金錢本身，而是金錢觀、生命觀。所有的價值觀其實就是每個人的信念，如果我們相信錢、相信婚姻，就會在物質世界創造出實相來。就如同我在課程裡經常談到的，一個人賺多少錢以及賺錢過程順利與否，取決於一個人和金錢的關係。一個人對金錢的信念也會和他對愛情的信念、對婚姻的信念、對性的信念、對男人有關的信念，以及和女人有關的信念疊加起來，彼此影響、彼此強化或抵消。

有很多信念被當作真理崇拜，很多人會把一個信念當作世界的真理一般去捍衛，以至於不惜付出巨大的代價：婚姻的幸福，生活的快樂、輕鬆、喜悅……

說一個社會都普遍認同的關於婚姻和金錢的限制性觀念：男人賺錢比女人多才正常。如果女人賺的錢比男人多，甚至多很多，那麼這個男人就沒價值。

當一個信念被廣泛認同時，這個信念就會變得異常堅固，成為一個社會範本。以至於人們都不敢去質疑它，甚至意識不到它的存在。

當男人完全認同這個社會觀念時，就會背負巨大的壓力感。在創造金錢這件事上，男人就沒有能力讓太太成為自己的搭檔，共同承擔，共同創造。而且，你還會無意識地輕視對方賺錢的潛力。如果太太賺錢比你多，你也無法放鬆享受太太賺錢帶來的成果，很難欣賞、嘉許太太，甚至在其他方面給予支持。也可能會因為內心的不安而把這種能力當作是對自己的某種威脅或羞辱，變得敏感、多疑。這種態度會刺激另一半變得更加憤怒、煩躁或想要逃離。

如果女人完全認同這個觀念，認為賺錢就是男人應該做的，就會對另一半有很多期待和壓力。當你把賺錢這件事依賴在男人身上，就很難提高自己賺錢的能力。即使自己賺到錢了，也很容易忽視創造金錢這個過程本身所帶來的樂趣，而是帶著很大的犧牲感和失望感，覺得是因為老公不上進，自己才不得不這麼辛苦賺錢。這種態度會導致她身邊的男人的能量更加收縮或者隔離。

所有的社會觀念一定是落後的，一個觀念代表了它成型和發展的那個時代的生產水準、文化水準。但是，當整個社會形態已經出現巨大改變的時候，人們往往還會習慣於遵循舊有的、熟悉的觀念。

從農業時代到工業時代，以及已經來到的資訊時代，包括已經開始的後資訊時代，在生產創造中依賴體能而帶來的優勢幾乎已經完全消失。在後資訊時代，人工智慧被廣泛投入到社會服務和生產中之後，人類整體的生產力和物質水準將達到一個前所未有的巔峰。來到了這個階段，整個社會的需求會全面升級，更強有力的生產創造力將會是藝術力、創意能力、洞察力、美感，以及情感的陪伴和連結能力。

在這個時代，女性或擁有女性特徵的男性會更有優勢。這也代表著未來，女性賺錢的能力會越來越強。陳舊觀念已經不適應當下的社會了，但這些限制性觀念早就藉由原生家庭一代一代的傳承而深入骨髓，變成人們人格中的一部分。

這樣的陳舊觀念還有很多很多。如果我們無法看清這些，並突破它們，那麼我們就很難獲得幸福。當你把原生家庭和所生活的地域文化所認同的限制性信念毫無覺知地接收之後，你的精神就像被綁住了一樣。不打破這些精神枷鎖，連做一個符合自己內心自主決定的能力都沒有，根本不可能有力量創造自己想要的幸福生活。

沒有真實，就沒有親密

當人們為了掩飾自己真實的需要，而刻意表現得大方、寬容、豁達、堅強等時，無論對方有沒有滿足你的需要，你都獲得了某種道德優勢。你是一個如此好的人，對方卻如此自私、糟糕。這種關係的格局一旦建立，你就獲得了可以審判對方的籌碼。

從本質上來說，這其實是對關係的一種壓榨。

朝夕相處的對方，讓自己看到尚未察覺的模式

親密感並不會因為兩個人的物理距離夠近就一定會產生。有時，兩個人在一起的時間很長，可能同吃、同住、睡同一張床，但依然覺得有一道厚厚的屏障橫隔在彼此中間，想說的話說不出口，想得到的回應得不到。

在不知不覺中，兩個人漸行漸遠。人們會很困惑這種逐漸衍生出的疏離感是如何造成的，那些開始時如膠似漆的伴侶在數年之後都變得無話可說、彼此漠視。

這種情況是如此普遍，多到大家甚至以為這是婚姻必然會發生的。放眼望去，視野所觸及的婚姻狀態幾乎都不怎麼讓人嚮往。其實，這漸行漸遠是無數次壓抑下來的憤怒，或者衝突之後的創傷沒有及時處理，一次又一次的失望沒有被轉化……逐漸累積下來的。而每一次的憤怒、受傷、失望都藏著關於我們自己的線索，我們的期待、信念、渴望，心靈底層那些自己都尚未覺察的模式。

講一個我的客戶玫玫的故事。

玫玫是個標準的事業型女人，在一家外商做高階主管，在事業上一路平步青雲，但是

在婚姻上卻坎坷不順。第二段婚姻走了八年多，但她依然越走越沒有信心。

玖玫最不能原諒的是她老公把錢看得比她還重要，感覺他在錢的方面斤斤計較，處處算計著。玖玫說她現在在婚姻裡早就不指望什麼了，反正他們都是再婚，各自有自己的孩子，也不可能真正的親密、齊心。她現在所有的重心就是兒子。她私底下已經把自己名下的房產還有帳戶裡的錢都轉到了兒子的名下。

我問玖玫：「你有沒有意識到其實你早已不信任他了，你對他的防備，他其實是感覺得到的，不管你的語言是否表達過？當你的心已經遠離，而他感到抓不住你的心時，自然會想要抓住錢。不然，他的安全感豈不是要消散得無影無蹤？」

玖玫頓了一下，她從沒從這個角度思考過，這種視角完全背離了她所熟悉的無助受害者的大背景。

過了幾十秒，她強大的防禦功能啟動了。她說：「我以前不是這樣的。我以前對他很信任，對他很好。但沒有用，他就是這樣一個人。所以就這樣吧，我也不指望他真的能改變了。我現在在學習怎麼去面對孤獨，可能這才是婚姻裡必須學習的功課。」

從這段話中，我看出玖玫真的是一個智商極高、反應很快的人，她知道自身是有問題的，這個她無法迴避，但是她避重就輕地把她的問題歸究到「不能面對孤獨」上。同時，我也看到了玖玫身上有股倔強的力量，她寧可在未來的幾十年都生活在一個彼此隔離的僵屍婚姻裡，強迫自己適應孤獨，也不願意放下自尊心去面對自己的弱點、承認自己的偽裝，變得更真實、柔軟。

為了讓她更加意識到自己的模式，我問她：「你以前都是怎樣信任他的，都是怎樣對他好的？」

接下來，玖玫跟我講了好幾件事，比如每次一起吃飯都是她埋單，她買給先生的禮物總是一些比較貴的，而她先生給她買的禮物總是些不值錢的東西……

其中一個故事讓我印象深刻。

玖玫說他們結婚一年之後，她先生打算買間房。雖然他們結婚之前都各自有自己的房產，但結婚之後再買的房子，按理說當然屬於婚後財產。可是，在簽合約前夕，玖玫很體貼地跟先生說：「這房子寫你兒子的名字吧，省得日後他心裡不舒服，你們會有嫌隙。」

沒想到，老公真的寫了自己孩子的名字。

這件事已經過去七年了，至今玖玫心裡都很不舒服：「雖然是他的錢買的，但是這是婚後資產。他應該寫我們兩人的名字，再不然寫他自己的名字也可以啊，怎麼可以寫他兒子的名字呢？」

我問：「那你問過自己，為什麼要說那句話嗎？」

「我只是跟他客氣一下，他怎麼當真了呢？」

我很直接：「你說這句話是有算計的，希望在對方心目中建立自己善解人意、豁達大方、不在意金錢的形象。同時，你又期待對方在感受到你的大方之後能被感動，拒絕你『善意的建議』，然後選擇你想要的方式。這樣，你面子也有了，又能得到實際的好處。」

其實，很多人都很擅長這種把戲。當一個人習慣活在自己的社會人格裡，就自然會維護這個形象，會常常傳遞出和內心真實需要相違背的資訊。你的表層資訊是不在意，但是底層資訊卻是很在意；明明心裡很生氣、很在意，但嘴上卻說不生氣、無所謂。這其實是向對方傳遞雙重資訊。而習慣傳遞雙重資訊，就意味著你失去了真實的力量。

傳遞雙重資訊會讓關係中的另一方感覺非常混亂，不知道該如何回應你。他們不知道到底是應該回應你的表層資訊，還是應該回應你的底層資訊。而混亂之下則是茫然，讓人在這種關係裡感覺如此不踏實、不真實，不知所措之後接踵而來的則是無力感和挫敗感。而沒有人喜歡長時間留在挫敗感裡，為了保護自己避免這種感覺，自然會逐漸抽離對關係的投入度和期待。這時候，關係自然就會變得疏離。

所有的偽裝都會為自我和關係帶來消耗

當人們為了掩飾自己真實的需要，而刻意表現得大方、寬容、豁達、堅強等時，無論對方有沒有滿足你的需要，你都獲得了某種道德優勢。你是一個如此好的人，對方卻如此自私、糟糕。這種關係的格局一旦建立，你就獲得了可以審判對方的籌碼。

從本質上來說，這其實是對關係的一種壓榨。

關係建立的基石不僅是對方對你的感覺，還有你對對方的感覺。人們往往只記得維護自己在對方心目中的形象，然而在自己的內心裡對方的形象同樣需要維護。破壞了自己對對方的感受，本身就是破壞關係。

讓我們來假設一個很常見的場景：一個跟你關係還不錯的同事要你幫忙帶午飯，結果你幫他買了，但是過了兩三天，他忘記把飯錢還給你了。因為錢太少，所以你也不會太在意。結果過了兩個星期，他又找你幫忙帶午餐，你幫他帶了，但他還是沒有把飯錢還給你。也有可能你提了一次，對方說好，結果過了幾天還是沒把錢還給你。

你會接著再提醒對方嗎？大多數人不會，會覺得「不好意思」。

因為很多人不想被別人看作是「計較」的人，所以大多數人會選擇忽略這個不舒服，自我安慰：「算了，他忘了就忘了，我也不差這兩百塊錢，就當請他吃飯好了。」

這樣的事情很多，小到一頓飯、一杯咖啡，大到一輛車、一間房。

所謂的「不好意思要」，其實是不想承擔可能動搖在對方心目中自己的完美形象的風險。還有人可能會說，我怕說了會讓對方不高興，怕開口說了之後會破壞彼此的關係。其實，即使你沒有說出口，只要你不願意面對心裡的不舒服，那個感覺就一定會發酵、蔓延。無論你怎麼自我安慰，都只不過是暫時把那個「不舒服」壓下去了。心裡對對方各種批判、猜測已經出現了，只不過會等到下一個刺激點，那些累積的感覺才會全面爆發。

每個人的人格模式不同，表現的形式會有所不同：要麼直接發生衝突，害怕衝突型的人則會隔離、疏遠，或者把這個不滿釋放到合作廠商身上。也就是人們常說的說某人壞話、吐槽。不過，這個釋放出去的能量最後還是會以某種方式回到你身上來。只不過，無論是哪種形式，都是對關係的破壞。

當我們只允許自己的社會人格呈現在親密關係裡的時候，就必然會偽裝自己。所有的偽裝都會帶來對自我和關係的消耗。因為你不能接納自己全部的樣子而自我偽裝時，就沒辦法全然接納對方真正的樣子。你只想在對方身上看到你想看到的部分，那也就意味著對方沒辦法在你面前放鬆、真實。

沒有真實，就不可能有親密。如果你對自己的陰影人格有批判，而試圖隱藏它，就不可能具備力量創造一個讓對方真實的空間。當兩個人都在對方面前感到不被允許而有所保留時，這段關係是疲憊而讓人不安的。即使你知道對方對你有愛，你也依然會不踏實，因為你無法確定如果對方看到了你的另一面，是否還可以愛你。反之，對方對你的感覺亦是如此。

其實，真實不是想做到就能做到的，就像人們不是想停止焦慮就能停止，不是想信任就能信任的，而是需要建立在力量感和自我洞察的基礎之上。如果你都不了解自己，看不清自己每個反應之下運作的複雜動機，只是隨著本能的人格模式給出反應，那麼就會一直被一股自己都發現不了、掌控不了的無名力量所操控。在這種情況下，真實根本無從談起。

如果能看清自己的深度在哪裡，那麼你能呈現真實的品質就是不同的。

隨著不斷成長，對自己的了解越來越明晰、剔透，你就會發現你成長的每個階段都以為自己夠真實了，但來到下一個階段的時候，你又可以看到更深、更隱蔽的模式，活得更真實。同時，更大的力量和更舒展的生命狀態也隨之向你開啟。

沒有被訓練過的語言習慣，會摧毀你與他人的關係

很多人很難管理自己的語言，有些話總是會脫口而出，等造成巨大的破壞力時已經來不及了。行為是具象的思想，思想是抽象的行動。語言是行為的一種，在說話之前，已經先有累積的情緒和想法了。每一個升起的念頭都是一股能量，這些念頭累積的強度大了會形成精神和身體的整體反應，這就是情緒。

語言是能量轉化的特殊媒介

親密關係就像跳一支雙人舞，你進，對方就會退；你退，對方就會進。好的雙人舞一定是兩個人都在平衡地進退，而且在這個過程中雙方都是享受且舒展的。如果你發現對方一直在進，在不斷跨越你的邊界，那麼只能說明你一直在後退。反之，如果對方一直在後退、在逃避，說明你一直在步步緊逼。當看到親密關係中對面那個人出現越來越多我們不喜歡的行為時，我們就會使用一些手段來控制對方的行為，試圖把這個行為矯正到自己所期待的軌道上。但是，很有可能這種矯正往往強化出我們不想要的結果。

貝貝跟衛威結婚八年，貝貝一直以來都認為自己的老公是個懶惰又不會關心他人的人。衛威除了偶爾做做飯，其他什麼家事都不碰，而且每次貝貝採購回來大包小包的家庭日用品，衛威從來都不會幫忙接一下。

貝貝覺得自己這麼多年在婚姻裡付出了太多，而主要問題都在衛威身上。如果他能開始改變，他們的婚姻才可能真正變好。而我注意到他們兩個人走進我的諮詢室時，衛威在門口接過我助理為他們倒的水，幫貝貝把水放在了她面前，而貝貝說了句：

「喲，今天好難得啊，在老師面前就是表現得不一樣。」

後來，我提醒貝貝的時候，她甚至完全沒有注意到自己說過這句話。即使在我提醒後，她回憶起來，也不過說了句：「他本來就從不關心人，這麼做還不是想在別人面前表現。」顯然，貝貝不認為這樣說話有什麼問題，也完全意識不到她的伴侶對待她的態度和她一直以來自己的說話模式有關。

貝貝讓我想起有一次在餐廳裡，我看到一位媽媽一邊擦拭孩子身上的水，一邊訓斥孩子：「你怎麼會做這種事呢？做事之前能不能用用腦子？跟你爸爸真是一個樣！」而坐在旁邊的爸爸一臉難堪。

在許多家庭裡，「貝貝們」的語言模式是非常典型的，他們的話語隨時隨地帶著攻擊性。雖然每次劑量不大，但是這種高頻率的、突如其來的冷嘲熱諷或含沙射影的挑釁式語言會嚴重地破壞關係裡的信任和連結感。這樣的話一說出口，連結立刻就斷了。

很多人在很親密的關係裡都是非常無意識的，長期處在對自己的情緒和語言毫無覺知的狀態。雖然很多人天天嚷嚷著要幸福、快樂地生活，但是他們自身的行為卻只會把結果帶到相反的方向。「貝貝們」的語言其實是在用一種非正式的小劑量方式釋放自己的負面情緒，表達過去生活中所累積的不滿。這種方式只是純粹的發洩，沒有任何建設性，還會不斷地強化伴侶的負面特質。

語言是力量非常強大的媒介，把我們的能量轉化到可見的現實層面。

所以，我一直提醒大家，不要在能量低的時候做決定。這個時候，要盡可能地少說話、少行動，因為處在低能量狀態時，我們的語言、行為、決策都是和那個低能量狀態相配的。當我們說話、做事時，會透過語言或行動把低能量傳遞到這個物質世界，而我們所給予的最後都會回到自身來。

我有一個朋友叫寶兒，她跟我講過一個她和她前夫的故事。他們還在一起的前幾年，每次前夫生日或者他們結婚紀念日等特殊的日子，寶兒都會買禮物送給他，可是每次前夫接到禮物時的反應都是：

「這個多少錢？這麼貴，我在XX買的比這個便宜一半，你真是不會買東西。」

「我已經有一條這種顏色的領帶了。」

「我要袖扣有什麼用？你沒發現我從不用這東西嗎？」

「我哪有時間去旅行，最近忙得連睡覺的時間都沒有。」

可想而知，後來寶兒再也不送他任何禮物了。寶兒提出離婚時，她前夫還說自己這幾年過得多麼辛苦，老婆連塊肥皂都沒買給他過。寶兒轉述這話時說：「我要是真的送給他一塊肥皂，他可能會為了這件事酸我一年。」

每個人都有屬於自己的世界，都擁有自己的人際關係，每個人的世界都是被自己一點一點用語言、行動，包括每時每刻最微小的決定所鑄就出來的。我們雖看不見言辭，它們卻是一種重要的能量，充滿在房間、家庭、環境和我們心裡，身邊的語言會滲透到我們的生命中。說得通俗一點，每個人的命都是被自己說出來的。

注意你的思想，它會變成語言

很多人都有一些糟糕的語言習慣，這些語言模式大多從我們的原生家庭延續而來。但是因為一直浸泡在這種環境裡，所以常常意識不到這些模式的存在，更意識不到它對我們的關係和對世界所造成的巨大影響。

有五種常見的糟糕語言習慣：

- 冷嘲熱諷
- 以否認開始回應

- 瑣碎而頻繁的催促
- 習慣性批判
- 習慣性講道理

冷嘲熱諷非常常見，除了前面貝貝的典型表達外，還有：

「今天真是太陽從西邊出來了，你竟然把廚房收拾了。」

「你嘴今天怎麼這麼甜啊，是不是做了什麼虧心事啊？」

「你的手多嬌貴啊，怎麼能做這種事呢？算了，還是我來做吧。」

以否認開始回應，很多人習慣性喜歡以反駁或質疑對方為一句話的起始：

「不是這樣的，其實……」

「不一定……」

「你怎麼知道就一定是這樣呢……」

如果你問他：「你說這樣的話希望傳遞給對方怎樣的資訊？達到怎樣的目標？促成怎樣的結果？」很多人是無法回答的，因為他們從未想過這些問題，只是這樣說話習慣了。

至於這樣的表達會造成怎樣的結果，會不會破壞關係，會不會損失彼此的信任，會不會消耗對方付出的意願，對方當下的狀態是否有接收這樣資訊的能力。這些他們是不管的。

這種表達實際上是在呼求愛，但含有太多的攻擊性，而且是一種完全無覺知的狀態。每個人都會渴望自己的期待被滿足，無論這個期待是被愛、被關心、被重視、被陪伴，還是物質層面的——渴望獲得更好的物質生活、賺更多的錢……在還沒有力量真的放下期待之前，所需要做的就是為自己的期待負責任，遵守這個娑婆世界的基本規律，學會如何用有效的方式來獲得自己的需要。

「謝謝你，你能一起整理廚房，我好開心。」（直接感激以及表達自己的正面感受。）

「我覺得你也很好，而且好喜歡聽你誇我。」（讚美對方，同時表達自己的感受。）

「你今天也累了一天了，我來做這些吧，你好好休息一下。」（真誠而直接地用語言和行為表達愛。）

習慣性講道理看似沒有很大的危害，但是如果伴侶雙方有一個人總是喜歡用講道理來回應對方，引經據典、旁徵博引、頭頭是道，比如：

「行政部門的同事總是不配合我的工作，好煩啊。」

習慣性講道理的人會回應：「你分析一下為什麼對方會這樣呢？你那個同事是對每個人都這種態度嗎？你煩，對方就會配合你嗎？你採取什麼行動讓對方願意配合你呢？其實在這種情況下，你可以……」

這種溝通方式會讓人很沮喪，因為很多時候家人之間並不需要對方來提建議或解決方案給自己，而只是單純地希望被關心、被撫慰，希望自己被看到、被接納。但是，如果沒有這種意識，只是想出主意趕快解決問題，讓對方恢復到正常狀態，其實是因為自己承載不了對方的情緒。

這種情緒會帶給傾聽的人很大的壓力，為了避免這種壓力感，於是他用自己熟悉的理性方式「修理」問題，這樣他就不用面對一個有情緒的伴侶了。可是，伴侶如果得不到自己想要的情感的撫慰，只是得到一些冷冰冰的建議，就會感到更孤單和挫敗，可能會用更強的情緒劑量來刺激對方，於是很可能會進入一個情緒化→隔離理智→更情緒化→更隔離理智這樣的循環。

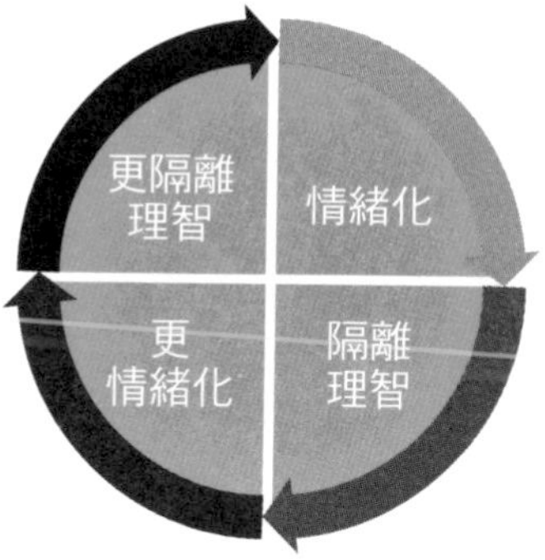

▲情緒循環

有人會說，改變這麼多年的習慣好難啊。在這一點上，我從來不否認，這肯定不是一個簡單的過程。一種思考模式和語言模式被使用了幾十年，早就具備了強大的慣性引力，相比一個剛剛來到地球的新生兒，在空白的情況下學習新的語言模式，要改變以前已經形成的固有模式肯定是一個艱難的過程。但以它的價值來說，這真的太重要了，可以說改變新的語言模式會改變你的命運。

我們終歸是自由的，所以學會做出清晰的選擇以及能承擔選擇所帶來的結果就變得很重要。

如果真的不願意花那麼多時間和精力來學習如何建立一種全新的表達方式，我們就需要為自己這個「不願意」帶來的結果負責。無論你願不願意，你都會為你的選擇承擔那個結果。如果你都不願意為自己的需要付出，卻期待別人來滿足你，這本身就不符合宇宙規律。每個人對待你的方式都是根據你對待自己的標準值來回應的，如果你對自己的需要都不願意負責任、不願意付出，別人就會更不在意你的需要了。

很多人發現很難管理自己的語言，有些話總是會脫口而出，等造成巨大的破壞力時已經來不及了。行為是具象的思想，思想是抽象的行動。語言是行為的一種，在說話之前，已經先有累積的情緒和想法了。每一個升起的念頭都是一股能量，這些念頭累積的強度大了會形成精神和身體的整體反應，這就是情緒。所以，管理語言本質上是管理能量。

比如，冷嘲熱諷和批判都是攻擊性能量，催促是內心焦慮的能量，否認和習慣性批判是封閉且傲慢的能量。

如果你一說話，話語裡就會攜帶這些負面的能量，就一定要仔細覺察、思考那股攻擊或者批判到底和什麼有關。

當我們想成為一個真正有影響力的人時，必須先和你的溝通對象建立起信任、平等的關係。沒有這個前提，所有的影響都不可能發生，因為對方感覺到你的批判時會啟動防禦機制，會把心門關上。這個時候，無論後面你說什麼，無論你說的內容多麼正確，對方都會拒絕接受。

所以，在工作坊裡，我常常會花大量的時間訓練學員去覺察情緒底層的結構，而不是習慣性地順著本能的情緒把話丟出去。有時，這個過程會有一些反覆，畢竟任何一種模式都是有慣性的，想要建立一種新的思考模式、語言模式是件不容易的事情。找個好教練支持自己會高效很多。有時候，暫時接納不了對方，先學會接納自己的不接納也很重要。同時，給自己一些時間，給自己更多的耐心。

面對伴侶的不忠，如果分不開，還有多大希望真正好起來

你告訴對方：「我可以原諒你，但你要保證以後……」這其實是一種誘惑。對方為了取悅你或者急於獲得原諒時，會衝動地給出你想要的承諾，但並不會真的去清楚地評估自己是否有能力做到（或者面對你根本不敢說真話）。對方會因為自己一次又一次的食言而感到愧疚、對自己感到無力和憎恨，內心會對你所給予的誘惑產生巨大的憤怒，而這種憤怒也會不可避免地蔓延到你身上。

你的內心是否有足夠的力量

很多人在發現伴侶出軌時都面臨這樣的選擇：分還是不分？究竟要不要原諒？

不忠的範圍很廣，精神或肉體，每個人面臨的具體狀況不同，也許是伴侶和同事的曖昧聊天或是和前任的藕斷絲連，或者是跟其他人的感情糾葛不清，甚至有確實的長期關係。無論是哪一種，都讓你感受到了巨大的威脅感。

其實，有過此類經歷的人找我以前，已經問過身邊很多人。身邊的人會從不同角度給他們不同的建議或忠告。他們往往會聽到無數個版本的利弊分析：理性的，感性的，悲觀的，樂觀的，寬大處理的，嚴懲不貸的……然而，他們還是會陷入深深的糾結中，在兩個不同的選擇中來回搖擺，不知如何是好，不確定究竟哪條路可以通往幸福的未來。

當這樣的事情發生之後，糾結這個問題的核心其實只有一個：我做的選擇，我希望得到一個確定感。這個確定感無非表現在兩個方面：

如果真的原諒了，我怎麼保證這樣的事情不會再次發生。

如果選擇分手，我如何確保下一段關係不會再次發生這樣的事情。

在發現伴侶不忠之後，人們面對的兩種選擇確實都有不小的挑戰。

無論是留在原來的婚姻中，還是獨自面對全然陌生的生活，需要的東西都是一樣的——內心足夠的力量。分開獨自面對未知的生活需要力量，原諒對方重新給予信任同樣需要力量。

如果以前安全感不夠、力量匱乏，自己尚未意識到，並沒有去直接面對它，而是指望讓親密關係中的另一個人帶來安全感，然而最後發現，任何生命的功課，沒過關的就是沒過關。它一定會在你的生命中出現，想繞過去或者逃開是一件根本不可能的事。無論是選擇離開還是留下面對不確定的未知，都不是容易走的路，也沒有哪一條路可以避開自己需要面對的功課。

當親密關係面對忠誠挑戰時，人們會有那麼強烈的情感反應，是因為這個等級的事件會直接指向我們最核心的功課。

當一個人冒出來，分走你伴侶的時間、注意力和情感時，在憤怒和受傷之下其實更隱蔽、更核心、更古老的主題被引出來了：

被拋棄（我不值得被愛）

被孤立（我不屬於這裡）

被忽視（我不重要）

被比較（我不夠好）

被掠奪（我是匱乏的）

這些感受也提供了一個關於你自己的非常重要的線索：一直以來，在意識深處，你是低價值感、低力量感的。而且，過去你並沒有自己的「造血」能力，而是依靠伴侶來為自己「供血」。

我們把另一個人對自己在意、全心全意的程度和自我價值感完完全全地綁定到了一起。在很多人的內心中都有一個這樣的公式：

伴侶在意我的程度×按我想要的方式表達出來＝我的自我價值（我夠不夠好）

這種價值觀會大大地奪走你的力量感。

要重新擁有自己的「造血」能力，就必須把你過去在親密關係中相關的信念、執念，把自己的價值綁定在某種特定關係中的價值觀全部打碎重建。這種重建就是新生命和新世界的重建。

我知道這是不容易的，但並不代表做不到。事實上，有很多很多人已經做到了，我做到了，而且我的成千上萬的讀者和學員也做到了。如果有那麼多人都能做到，我相信你也可以。這些已經做到的人並沒有特異功能，也並不是最優秀的，唯一共同的地方是他們都不想再重複以前的生活模式，而願意為自己的生命的改變全然負責了！

而且，一旦做到，你就會發現這是世界上最有價值的事，因為那不僅僅會改變你的親密關係，還會全面翻轉你的生活。生命的深度是共用的，一旦一個生命領域被澈底打通，其他領域也必然達到一個全新的層次。

當這個價值觀因為對方的出軌而被強行打碎時，首先要做的是藉由這個機會老老實實地面對自己內心隱藏在憤怒之下的挫敗感、無力感，那種想抓住卻什麼也抓不住的感覺，而不是又到過去的模式中，試圖去控制事情，或者把注意力全部放在外面。不是和外面那個人競爭，小我很容易對外歸因，把那個不該出現的人當作假想敵，彷彿是他的出現搞砸了你的生活，是那個人在掠奪你的伴侶對你的愛。然而，我們需要明白的是，在伴侶外遇實際發生之前，你的心也早就離開了。

兩個人也許還維持著表面的一切正常，然而早就不知道有多少暗潮洶湧了。如果我們願意看到，在事情真正發生之前，就會有很多徵兆。只是我們要麼抱著僥倖心理去迴避深層次的思考和觸碰自己的問題；要麼讓自己變得麻木、粗鈍，喪失對很多東西的敏感度和感知力。

當這樣極具戲劇性、衝突性的事件發生之後，人們再也無法選擇視而不見了（也有少數人能繼續忍受，直到下一次發生更大衝擊的事件）。

如果能堅定地分開，決定對過去、對未來自己負全責，看清了自己的模式和問題，不再把自己擺在受害者的位置上，當我們內心真的經由這段關係看清了自己，只是沒有意願再留在原來的親密關係中，能夠帶著祝福平和地和對方分開，勇敢地面對未知的生活，其實也是非常棒的一種選擇。這種分開，也會在未來慢慢成長，讓我們獲得力量。

如果內心深處還是割捨不下這段關係，想繼續走下去，那就藉由這段關係好好地做自己的功課。當你有一個全新的狀態，你的思考方式、情感模式、能量狀態發生全面改變時，你身邊所有的事物都不可避免地會發生變化，你的伴侶當然也包含在其中。

你是給予信任，還是假裝信任

很多言論聲稱，出軌只有零次和一百次的區別，遇到這樣的人千萬要堅定地離開！這種言之鑿鑿的預言和建議似乎很有說服力，但當你真的選擇相信這種歸因方式時，確實會覺得自己在這件事上是無辜的，自然也不需要為事情的現狀負責任。而且，你會感覺命運的不公讓自己碰到一個帶著這種「基因」的人。除了自責自己眼瞎之外，只會感受到深深的無力感，也看不清這個結果是如何被自己的模式推動而讓事情發生的。

習慣了用這種武斷、粗淺的視角看待問題，會大大地限制我們觀察世界的深度，無法洞察事情的本質。這對自己的成長沒有任何幫助。

這種說法是建立在一個人的行為和態度是孤立的假設之上，正如我們在前面章節裡講過的，你的模式和觀察視角會激發、強化你身邊人的某種特質。他們當然也有自己的功課，不斷強調對方的問題其實沒有意義。對方確實有自己的問題，但別人的問題多，不見得你自己的問題就變少了。各人的功課各人自己做。

即使真的決定要分開，也抱持對自己完全負責的態度，分開才有意義。否則，在關係裡受的苦就白白浪費了。

你們剛剛在一起的時候，有過很親密的階段，但是為什麼還是一步一步走向疏離了呢？到底是你們關係上的疏離造成了現在的狀況，還是真的只因為出現了一個人，所以才變得疏離？只要那個介入的人消失了，你們的關係就安全了？

歸因能力取決於歸因者觀察世界的深度，觀察問題的深度也決定了解決問題的深度。

另外，當人們選擇原諒時，很容易帶著一種居高臨下的道德優越感「施捨」給對方，彷彿給了對方巨大的恩惠。同時，還會伴隨著一個附加條件——要求對方保證澈底跟那個人斷開，且永遠不再發生類似的事情。

而我想說的是，就算對方真的願意給予這樣的保證，這個保證真的有意義嗎？就像很多孩子犯錯誤——尿床、打人、撒謊，父母會嚴厲地說：「保證以後不可以再犯了，聽到沒有？」孩子會帶著愧疚和恐懼哭著說：「嗯，以後再也不會了。」然而過了一段時間，孩子可能又會犯和上次同樣的錯誤。這時，恐怕父母會為孩子貼上一個「說到做不到」的標籤。

要求一個犯錯的人給予一個「再也不犯的保證」這種做法非常普遍，所以幾乎沒有人質疑這種做法是不是真的有價值。事實上，要求保證，其實是占據某種優勢的人向另一方強行索取的行為。

喜歡賭咒發誓的人，之所以會這麼做，是因為身邊的人吃這一套。越是沒有安全感的人，越喜歡控制，也就越喜歡要一些保證類的東西，無論是文字的還是口頭上的。似乎得到了一個保證，就真的得到了感情的免死金牌。事實上，承諾和保證沒有任何意義，因為人的內在是有很多分裂的——內在父母和內在小孩、社會人格和陰影人格在不斷地發生衝突和相互拉扯。保證的時候是真心的，做不到也是真心的。「鬼使神差」這個詞就是在形容那些被內在不知名的力量控制時的狀態。

你告訴對方「我可以原諒你，但你要保證以後……」這其實是一種誘惑。對方為了取悅你或者急於獲得原諒時，會衝動地給出你想要的承諾，但並不會真的去清楚地評估自己是否有能力做到（或者面對你時根本不敢說真話）。當你用這種誘惑要求對方進入一個自己的能力根本無法涵蓋的範疇時，也是在某種程度上削弱了對方的力量。

對方會因為自己一次又一次的食言而感到愧疚、對自己感到無力和憎恨，甚至一翻兩瞪眼，最後徹底放棄。內心會對你所給予的誘惑產生巨大的憤怒，而這種憤怒也會不可避免地蔓延到你身上。為了增加一點點自己對未來的信心而索取一個保證，對你們的關係並沒有正向的作用，只會讓你們之間彼此的不信任和怨懟加深而已。

我們要明白有意願是一回事，有沒有能力做到又是另外一回事。連你自己都常常會在原諒還是決裂中左右搖擺，無法做到自己所期待的堅定、平和。

信任同樣也是種能力，不是頭腦有個意願想信任就能信任的。

當我們能真正給予信任時，代表在資訊、情感、能量三個層面全面過關才有可能真正身心一致地做到，而這是需要長時間的學習和練習才能做到的。否則就會出現極不穩定的劇烈反覆，某個狀態好、能量高的時候感覺可以給予信任，然而下一刻，有任何和你期待不符的事件發生時，所有的懷疑、擔心又湧現出來，頭腦演繹出的故事又變得那麼真實。在這一刻，你的信心是無法持續的。自己給不出來，期待對方能給你，最後發現只會彼此更加失望。

能給予信任，是內心強大的表現。所有的信任來自自己內心有種堅實、強烈的篤定感，這種對自己深厚的信心會不可避免地擴展到我們所面對的人身上。當你體驗到對他人的信任時，本質上都是自我信任的一種延伸。所以，你是不可能在對自己不相信的前提下去信任別人的。在這種情況下，你能給的都是假信任，這種假信任是被包裝過的控制。這種信任給身邊的人越多，身邊的人壓力就會越大。而你每給出一次信任都會帶著濃濃的付出感，並提高對對方的期待值。內心深處的潛臺詞是：「我都這樣寬宏大量了，你難道不應該感恩戴德，表現出我想要的樣子回報我嗎？」

然而，很多人在假信任卻不自知。最後，他們會非常受傷地說：「我這麼信任他，他卻一次又一次地辜負我。」這種一直在假信任的人，不僅會感覺被伴侶辜負、朋友辜負，甚至會感覺整個生活都辜負了自己。

我們需要做的，是在這些自己生命中發生的一次又一次不斷輪迴的戲碼中找到那個原始程式碼。

是你把辜負你的人創造出來的，從一開始你用信任作為籌碼要求對方給予一個「保證」，這種結局就已經注定了。

當我們看清了自己的模式是如何創造出這些故事時，要做的是先面對自己的不安全感，面對自己的力量感目前尚不足夠，承認它，把責任收回來。

你可以告訴對方：

「我不需要你保證什麼，我不能要求你做連我自己都做不到的事，就像我不能保證任何時候我都永遠能接納你或支持你。發生這樣的事情，絕對不僅僅是你一個人的責任，是我們需要共同面對的功課。讓我們彼此給對方更多的時間和耐心，兩個人一起去成長、去尋求支持。我相信如果我們能跨越這件事變得再次親密，我們就會變得更加成熟和有力量。」

當你能說出這些話時，即使只是在心裡說出這些話，你的力量感就會提升，對自己和未來的信心都會擴展！

能給美好未來的保證只有一個：每個當下你選擇的態度。

男人搞不懂女人？其實，男人也不懂他們自己

不要試圖用一個顯而易見的標籤來區隔世界，並以此作為認知世界的準則，不管這個區隔是透過性別、地域、年齡還是職業等任何人們自以為有效而可靠的方式來劃分的。

補償不是愛，你不可能用補償的方式替代愛

很多男人認為自己的婚姻出現了問題，就無法面對也不想面對，所以決定在工作中去努力。他們把生活切分成不同的板塊，說：「哦，雖然我的婚姻失敗了，但至少我在工作領域還是成功的。」然後，男人用工作上賺的錢補償自己的妻兒，讓他們過高品質的生活，以此來平衡你內心的罪惡感。

不，這是不可能的！

心是不算帳的，只有頭腦才會算帳。

無論是在課程上還是在過去的文章中，我都不止一次說過：補償不是愛，你沒有給予愛就是沒給予愛，你不可能用補償的方式來替代愛。無論你用多少物質來補償，最後對方的心依然是空的，因為你從來沒有給過對方真正的愛，根本的原因是你從來都沒有真正地填滿過自己的心。

你以為你逃走就不用面對了，但事實是你根本無處可逃。宇宙中的事物是互相連繫的，生命也是全然統一的。只要你還是原來的你，你人格的模式和心靈的空洞還在，所有的問題就都不可能消失，只是換一種版本呈現出來罷了。

如果你有了外遇，你對你的外遇對象說：「我不打算把這件事告訴我的太太，這和她沒有關係，這是我們之間的事。」

那麼，你根本不明白生命是什麼，甚至不明白生活是什麼。你是你生活的造物主，你決定了你生活的方方面面，無論你意識到沒有。

你以為不告訴太太，你的生活就沒有影響嗎？你把生命切分成越多的碎片，保守越多的祕密，就把生命的力量剝離得越多。而平衡的創造是需要足夠量級的生命力才能達到的，否則你所有的成就都不是真正的創造。即使事業有成，賺了一些錢，充其量只能算是一種能量轉換，消耗家庭或健康，最後不是和至親的人形同陌路就是累垮了身體。更糟的是扭曲了自己的心靈，你會變得冷漠或者戾氣十足。

這個世界根本沒有完全獨立的個體，空性和妙有本身就是不二的，意識和物質也從來不是兩種分離的存在。

究竟是你做出了那些選擇，還是那些選擇鑄就了今天的你？這是個無法回答的問題。你既創造了那些創造物，最後你的創造物又決定了你是誰。你既是畫布，又是畫筆，同時還是畫本身。你是作畫的人，也是看畫的人。

所有的經驗都會帶來某些感受，那些你常常體驗的感受構成了你的人格的基本模型，最終決定了你是個什麼樣的人，你會擁有怎樣的生活。

在電影《全面啟動》（**Inception**）裡，啟動者說：「一個念頭就像一顆種子，只要它植入了人們的頭腦，就會自己生長。」念頭會不斷地生長、自我複製、自我強化，感受也是如此。如果你總是在控制，那就意味著你常常體驗到的是失控和不安，所以你就會有很多的控制。

如果你是一個團隊的負責人，管理團隊的每一個細節，小到一個宣傳單的字體和標點符號，大到自己動手優化徵才流程，那麼你的團隊就會更依賴你，成長速度更慢，出更多錯，更害怕承擔責任。結果，你就體驗到更多的失控和不安，你就控制、介入得更多。只要你拒絕去面對自己的感受，逃避改變內在的模式，而總是試圖去改變你的團隊，問題始終都會在。

事實上，無論是養孩子還是帶團隊，原理並沒有太大的區別。如果你的孩子健康、自信、有活力，那麼你的團隊一定也是如此。反之，如果你的孩子撒謊、自卑、沒主見，那麼你的團隊也一定毫無力量，人人都在推脫責任、抗拒任何變化和挑戰、害怕風險和承擔。

這就是我一直在說的，生命是全然統一的。你不可能把隔離門關上，說：「OK，我只要把問題鎖定在婚姻這個生命領域中。我不管它，我只要保持其他領域的良性發展就可以了。」不不不，這是不可能做到的，遲早你內在創造出婚姻問題的人格模式會繼續蔓延到你的所有生命領域——事業、友誼、健康、金錢、原生家庭……直到你面對它為止。

當然，我並不是鼓勵所有人在經歷婚外情時，無論是精神還是肉體上的，都必須第一時間告訴自己的伴侶。就好像很多來找我做個案諮詢的訪客總會問我：「是離，還是不離？」我的態度一直都很明確：離或不離，分或不分，說或不說，這些行為層面的抉擇從來都不是重點，重點是你在做這些抉擇時內在的感受是怎樣的。如果離婚，同時是帶著祝福和感激、是釋然和希望，那麼這就是你功課完成的標誌。如果是帶著滿滿的挫敗感和怨氣，留不留在婚姻裡，都是編劇和導演沒換，只是換個跟你演對手戲的另一號主角而已。最後的結局並不會有太大的不同。

只有自己更穩定，才能支持對方

我的學員、讀者或是來訪者大部分都是女性，女性確實整體來說容易焦慮和想要控制，但女性在面對自己內心感受時卻普遍比男性更為勇敢。這有多方面的原因。一方面，女性的集體意識裡承受了太多折磨和痛苦，很多女性終其一生都活在性別的陰影裡。而痛苦到了某個臨界點，必然會走向覺醒。

另一方面，從狩獵時代到農業時代，再到工業時代直到現在，男性因為生理上的優勢一直在社會中占主導地位，這也導致男性長時間以來在家庭和社會中一直承擔核心生產力的角色。在這種情況下，男性獲取資源要比女性容易得多。在很多家庭中，往往一個男孩一出生，最好的資源就會湧向他，甚至不需要他做什麼。所以，男性得到了很多從社會文化傳統中的既得利益。

然而，豐饒和詛咒往往是同時發生的，因為女性在社會文化中沒有地位優勢，所以社會只會崇拜男性力量。一個個體或是群體被放在一個過高的位置上時，他（或它）其實也就失去了自由。

而在我們的社會文化中，對一個男人極大的否定就是「沒有擔當」、「不負責任」、「靠不住」、「沒用」。當然，還有最終極的一句囊括以上所有的形容：「你就不像個男人！」所以，男人從有這個身分開始，就天然背上了整個家庭和社會，包括他們對自己的期待。認同「男人是天」、「男人是一家之主」等信念體系的男人，成功地把自己擱置在「神壇」上下不來。

他們必須不斷奮鬥，必須表現得堅強和成功。他們沒了其他選擇，不敢示弱，不敢休息，不敢求助，不敢哭泣，不敢觸碰自己的內心情感，他們如果想要休息或者示弱，就只有生病這一條出路。這真的不是一件好事。如果男人疲憊不堪，女人也是無法幸福的。

沒有選擇就意味著沒有自由，沒有自由就意味著不會發展出內心真正的力量。沒有力量會怎麼樣？沒有力量最突出的表現就是當挑戰真正來臨的時候，他們會選擇逃避而不是面對。

很多男人不怕辛苦，不怕流血、流汗。這在農耕時代和工業時代，都是很重要的特質，但隨著人類進程來到資訊時代乃至接下來的心腦時代，需要人類完成的粗鈍而沉重的工作或生活內容已經降到人類歷史的最低水準。所有粗鈍的工作都將交給機器完成，甚至連頭腦能完成的計算或統計工作都會由人工智慧來完成。

男人們早就習慣了「打落牙齒和血吞」。我一點也不懷疑，如果有戰爭來臨，我們的男人們一定會衝上戰場，或站出來保護他們的家人。但是，問題就在於，如果戰爭一直不來呢？如果我們將會很長時間都生活在和平、安定的環境中呢？

人類唯一在這個時代優於智慧型機器的部分——情感，對於很多男人來說，還是一片蠻荒。他們害怕親密又害怕孤獨，不了解自己，亦不理解對方，自然不知道怎樣應對關係的問題。一旦關係出現問題，大部分男人就會用逃避的方式應對。

他們躲進工作裡，躲進遊戲裡，躲進網路裡，躲進宗教裡，躲進業餘愛好裡，或者開闢一個或多個相對安全的短期關係躲進去……

最後，連逃避都不逃避，連當面說分手的勇氣都沒有。可以電話分手、SNS分手、簡訊分手……或者直接不告而別，去超市買牛奶、出差、倒垃圾……然後就直接消失了。

在逃避這件事上，男人們還是很有創意的。

最後，他們終究會發現，其實無處可躲。

所以，讓我們來談談如何面對吧。

身為男人，首先要做的是開始深入地探索自己，質疑那些曾經覺得理所當然的信念。例如，男人就是XXX的，女人就是OOO的，男人就應該如何如何，女人就應該如何如何。然後多問問自己：這都是真的嗎？這是人類世界的真理嗎？有沒有不同的文化，的確對男性和女性的期待完全不同呢？我一定要求自己符合別人對我的期待嗎？我一定有資格要求他人符合我的期待嗎？

當內在那些制約開始鬆動後，我們才有可能慢慢體驗到自由的感覺。當你自由了，你才可能去創造你內心深處真正想擁有的生活。否則，你根本不知道自己現在的生活是別人

期待你過的，還是你自己想要的。當你找回自己了，你才會擁有力量去冒險、去面對挑戰！

另外，要學會尊重女性。當你看到對方情緒化、依賴、控制、焦慮等表現時，只要明白這是人性的一部分，和對方的成長環境及原生家庭有關，但不要把對一個人這麼做的緣由歸因為——「女人都這樣」。這會帶來性別的優越感，這種傲慢心理可能會讓你獲得短暫而虛假的力量感，但這種觀察視角也會帶來對陰柔性力量的批判。而一旦產生批判，就會抗拒自身去學習這個部分，也就喪失了使用這種資源的機會。

當然，並不是女人就一定具備陰柔性力量。很多女性因為對自己的懷疑和不接納，想要符合養育者和社會的期待，會無意識地把自己變成如男人一般強硬、控制欲強，甚至有過之而無不及。而且很多時候，女性對女性的批判比男性對女性的批判還要多。

而身為女性，如果恰好身邊有一個用逃避面對問題的男人，我知道這是很折磨人的。也因為痛苦，所以更想用力扯著對方的領子逼他面對。但是很多時候，這種逼迫只會讓對方躲得更遠。兩個人都會很痛苦。

這個時候，女性需要做的是盡快讓自己成長，讓內在變得更有力量。只有自己更穩定了，才可能支持對方。當關係中的一方在快速成長時，另一方自然會逐步跟上。如果對方的靈魂就是想體驗痛苦，不想成長，那麼這段關係就會無痛地自然瓦解。你也會吸引那個跟高能量的你所相配的人來到你的生命中。

不要覺得這是拋棄，想體驗小我的戲劇性狗血劇情的人自然能找到陪他們玩的人，你不用擔心。

當你真的到高能量狀態時，你根本沒有興趣陪任何人演悲情狗血劇，忙著創造和享受生命都來不及。

看明白自己，你就具備了洞察他人的能力

不要試圖用一個顯而易見的標籤來區隔世界，並以此作為認知世界的準則，不管這個區隔是透過性別、地域、年齡、職業等任何人們自以為有效而可靠的方式來劃分的。

我見過很多男人，也見過很多女人，他們都非常不同。有的男人把家庭看得非常重，而有的男人則恐懼承諾，對家庭不信任；有的男人非常固執，有的男人完全犧牲自己為家庭盡責；有的男人沒有安全感時會控制別人，有的男人會選擇逃離……

我沒辦法用一篇文章或一本書講清楚我們身邊的男人或女人，但有一點我可以給你確

定的答案：一個男人呈現出什麼樣子，其實和與他相處的女人有關，一個男人在不同的女人面前會表現出完全不同的樣子。同樣，一個女人在不同的男人面前也會呈現出不同的樣子。而且，即使是和同一個人在關係的不同階段，比如在蜜月期、權利鬥爭期、死寂期、夥伴關係期，兩個人的格局也都會發生變化，對方回應你的方式同樣會不同。

我們身為關係的主體，對方身為關係的客體，我們是不可能撇開主體來單獨談論客體的。你會吸引某種類型的男人來到身邊，是因為你是這樣的你，而另一個女人即使遇到了這種男人，也不會跟他發展出什麼故事，或者發生的版本是不一樣的。如果我們經歷得多一點，就會發現，每個人生命中的故事總有某種驚人的相似性，總是一遍又一遍地輪迴同樣的模式、同樣結構的故事，只不過換了個對象而已。

所以，當我們想真的了解對方時，其實忽略了一個很重要的前提：我們身為這段關係的參與者、主體和觀察者，是如何推動關係往哪個方向發展的？換句話說，你了解你自己嗎？你知道自己當時說出那句話，給出那個反應，底層真實的動力是什麼嗎？你了解自己內在相互衝突、相互矛盾的部分起源於哪裡嗎？你知道你的力量被阻礙的核心是什麼嗎？

如果你都不了解自己，完全是靠著本能的反應在和他人相處，對自己的潛意識毫無覺知，你把你的生命走向交給了一股你自己都不了解的力量，這就等於坐上了一輛陌生司機駕駛的汽車，不知道司機的目的地是哪裡，也不懂得怎樣跟司機（潛意識）溝通，那最後你去到一個自己不想去的地方，就一點也不奇怪了。

最好的方式是學習成長，讓自己先變得通透起來。當你完全看明白自己的時候，你自然就具備了洞察他人的能力。

無論你是男人還是女人，除了成長進化自己，別無他路。差別只是，是痛苦逼迫著不得不改變還是主動地享受成長。

反正你總是要覺醒的，不過是時間問題。

當伴侶有個糟糕的原生家庭時，我們可以做點什麼

支持自己的伴侶走出原生家庭制約的前提，是自己要有更高、更穩定的能量狀態。當我們處於焦慮、煩躁的狀態時，是沒有能力支持別人的，甚至會無意識地讓負面狀態影響到對方，把對方的狀態變得更加糟糕。

每個人性格的基石是在童年時父母如何看待我們的方式。父母會把他們成長過程中形成的關於自我、關於金錢、關於愛情、關於婚姻、關於世界、關於生活、關於時間……所有這些信念和認知傳遞給孩子，無時無刻，不管他們有沒有意識到。這個世界只有極少數有非常強大的學習意識和自我檢視能力的人經常能有自我覺察，大部分人在百分之九十五以上的時間裡都是在無意識狀態下的。

我們從原生家庭那裡傳承下來的這些信念和認知構建了我們人格的背景，也就是自我感。自我感不同，回應世界的方式也不同。一個人的自我感會展現在他所有的關係中，無論是和伴侶的關係，還是和孩子的關係、和金錢的關係、和工作的關係……你和你的伴侶都不例外，會被自己的養育者和成長環境以及那個時代的族群文化所影響。

比如：對有些人來說，找個比自己能幹、會賺錢的太太是一種榮耀，而對另一群人來說就是恥辱；對有些人來說，道歉是很正常的溝通方式，而對另一些人來說卻比登天還難。

家庭和族群時代的信念體系裡還有一套固定的價值觀，把你的個人價值和某種身分或者資源綁定在一起。比如，工作，學歷，戶籍，年齡，容貌，收入，家庭出生……

而且，在不同的時代、不同的地區，這些標準都不一樣。在一些地方，女孩二十六七歲單身是很正常的，但在另一些地方就代表你已經是嫁不出去的「老姑娘」了。

一旦人們認同了這個價值觀，就會把自己變成這個信念的奴隸。你從此斬斷了發掘自身力量的機會，而把自己的力量與價值和這些外在的東西連繫在一起。當擁有它們的時候，你就會感到自信、有安全感。當你失去它們或者遇到比你這個部分更有優勢的人時，你的信心就立刻坍塌掉了。

更重要的是，當我們認同這些價值觀的時候，很難意識到這些都只是非常個人化的標準，而會把這些標準當作世界的真理來要求對方，甚至覺得自己的要求是非常「基本」的。

所以，當人們在要求自己的伴侶時常常會說：

「我的要求已經很低了，我只是希望……」

「這是最起碼的要求吧。」

「我已經沒有要求他了……但至少……要做到吧。」

當我們在說這些話時，其實是完全站在自己的立場看待對方。認為這些要求「很簡單」，代表著目前自己尚沒有能力把對方的背景帶進來看待對方。

當自我意識被擴展之後，我們就能進入一個更高的層次來看待事物。同一件事，當我們的認知和觀察視角發生變化時，我們對一件事的應對方式會完全不同。在親密關係中，當然也不例外。

我們要把對方的背景帶進來觀察對方，而不是一廂情願地認為對方是自己的伴侶，就應該如何如何。我們要能看到對方也是一個人，受限於他的成長歷程。有些在我們自己看來很輕易、簡單的事情，對對方來說，真的是件不容易的事。

我們希望他勇敢、有擔當，卻看到他有個強勢的母親和一個溫和卻時常逃避的父親。

我們希望他能多表達愛，說一些甜蜜的話語，卻看到他的父母木訥、內斂，從來不懂如何表達內心的情感。

我們希望他獨立、有主見，卻看到他有事情不分大小都要干涉的父母。

當我們發現自己的伴侶和他的父母有很多方面非常相似的時候，雖然會比較容易理解對方，但同時會有很大的無力感。當我們明白對方確實是有心無力，達不到你所想要的期待時，在失望所衍生的憤怒以前會直接針對伴侶，但現在這股憤怒會轉到伴侶的原生家庭上。

生起氣來就會脫口而出：「你簡直跟你媽（爸）一模一樣！」你說得很對，但這樣說對事情一點幫助都沒有。不是正確的事情都要說出來，如果說出來會讓對方感覺憤怒，是不需要說的。如果還是想說這樣的話，其實只不過想發洩情緒，或者想證明自己眼光的毒辣，有很強的洞察力。

但是，這樣並不能支持伴侶走出這樣的模式，對方內心會產生很大的分裂感：一方面，會對自己的原生家庭感到憤怒，遷怒於父母，覺得自己現在的問題都是父母帶來的；另一方面，原生家庭又是自己生命的源頭，當我們批判他父母的時候，其實也在否認他生命的一部分。所以，對方會心生愧疚而更加無力。

支持自己的伴侶走出原生家庭制約的前提，是自己要有更高、更穩定的能量狀態。當我們處於焦慮、煩躁的狀態時，是沒有能力支持別人的，甚至會無意識地讓負面狀態影響到對方，把對方的狀態變得更加糟糕。

當自己的狀態不穩定時，還不如什麼都不要做，因為做得越多，可能會把問題惡化得更嚴重。走出原生家庭的引力是需要極大的力量的，絕不是件容易的事。

當對方做不到的時候，我們需要給予三種能量：接納、耐心和信任。接納對方的狀態，而不是去批判、責備。當然，責備對方的原生家庭也是責備，只不過隱蔽一點而已。給對方更多的時間和空間，尊重對方的節奏，而不是總覺得對方進步太慢，或者總是定下各種標準來要求對方。

給予信任是最重要的。相信的力量異常強大，如果我們相信對方一定能發生改變，才能傳遞這樣的可能性。如果我們內心就認定「他就這樣了，改不了啦」，那麼只會強化對方的負面狀態。而且，觀察即創造，當我們相信對方是什麼樣子的時候，慢慢地，對方就會在我們面前成為這個樣子。

要學習放下期待，放不下就用更有效的溝通方式。對方做不到時，我們要支持對方療癒他的「空洞」，而不只是一味地索取、指責或者隔離。如果既做不到放下，又沒有力量支持對方成長，那只會造成自己和伴侶的痛苦，被死死卡住，而錯過在親密關係中成長的機會。

幸福的核心是學會尋求幫助

人們必須先得到力量，才能從目前的困境中掙脫出來，一味地發現問題是不夠的。知道了做不到，有時比不知道還痛苦。

很多人做事和說話都是無意識的、衝動性的、本能的，只不過是圖情緒上的一時痛快，這種不帶覺知的語言和行動只會讓事情離自己想要的目標漸行漸遠。

在我們做任何事、說任何話之前，不妨問問自己：

我這麼說、這麼做是希望得到什麼？對方能透過我做的這些明白我想要什麼嗎？如果對方能明白，那麼他能否給予呢？他有這份能力嗎？

如果發現對方可能都自顧不暇了，那麼你的求助就是一種干擾。不僅對別人，對自己也是一種負擔。

在這種時候，學會去判斷誰是真正有能力支持你的人是很重要的。而不是執著於：「我就是要，我就是要他給我，他是我的愛人啊，他一定要給我啊！」、「我為他做了那麼多，我就是想要他看到我、理解我啊。他不給，那還有什麼意思呢？」

也許你有足夠的理由要，但是對方沒有能力給，那麼守著這份「應該」，只會讓彼此陷入都痛苦的循環中。就好像有個人找你借了十萬元錢，結果他破產了，期限到了沒錢還你，然後你說：「欠債還錢，天經地義啊！」

你花了很多時間、用了各種方法，甚至打官司，而且你也打贏了。包括法官在內的所有人都說：「他應該還，但他就是沒錢還你啊。」

可是，你就是不能接受，因為你覺得「我是有道理的」。最後，你可能為追這十萬元的債用了好幾年的時間，依然一無所獲，而自己寶貴的生命全部消耗在這當中了。但是，如果你能很早接受對方沒有償還能力的事實，不讓這件事影響你，該成長就成長，該賺錢就賺錢。可能幾年之後，你早就賺回好多個十萬元了。

這時，對方還你錢，是驚喜；不還你，也絲毫不影響你擁有快樂、成功的生活。

學會了分辨出那些不適合尋求協助的對象，那麼當你真的跌入生命的低谷時，你可以尋求什麼支援的途徑呢？比如，找尋身邊的智者。

那些人可能是你的一個遠方親戚、朋友、某位老師，他們是能量很大的人，並且擁有較為成功、幸福的生命狀態，可以在你需要幫助的時候指引你方向。

這就是拚人品、拚運氣的時候了，因為不是每個人身邊都有一個這樣的智者。很多人放眼望去會發現，自己整個生活半徑中成長最快的人就是自己，而身邊的人一個比一個不快樂、不平衡。

如果發現沒有這樣的人，那麼尋求專業人士的幫助就非常有必要了。

很多時候，和老人的矛盾，真的請個可靠的看護就可以解決；

沒辦法持續運動，請個私人教練來指導你和督促你，效果會好很多；

自己不會搭配衣服，請個專業的造型顧問其實會省掉你很多不必要的花費……情緒或關係上有問題，不要到處訴說或自己死命扛著，去找一位好的諮商師或者導師。這些人所受到的多年的訓練和豐富的經驗是非常寶貴的資源，學會透過付費的方式來讓這些價值為你所用，生活會變得輕鬆、高效很多。

金錢是很重要的一種能量，把它用來讓你的生活變得更輕鬆、更有品質。好的諮商師像一個帶有過濾、淨化功能的容器，你在這裡是安全的。他不會輕易貼你標籤，不會批判你，同時不會用自己的專業力量強迫你做沒有準備好的事。同時，他會很快幫你捕捉到你最核心的問題，幫助你節省很多時間。

坦率地說，能做到這些的人真的不多，即使很多學習過多年心理學的人也未必能做到。很多有執業證照且工作多年的諮商師只是掌握了大量心理學的理論，他們甚至無法用這些理論來讓自己的婚姻幸福。所以，即便是專業諮商師，也是需要去用心選擇的。

身為一位導師，我非常明白如果只是做課堂英雄，成為資訊的搬運工，而自己卻沒有真正在這個職業中受益，不僅無法真正支持別人，對自己來說也是非常可惜的。在我的導師班培訓課程裡，我會花大量的時間訓練他們如何先藉由諮詢工作來看清自己的模式。只有這樣，在面對來訪者時，導師才能保持中立，同時有足夠的敏感度，並總是能夠很快從來訪者那裡找到他們自己尚未看到的資源和天賦。

人們必須先得到力量，才能從目前的困境中掙脫出來，一味地發現問題是不夠的。知道了做不到，有時比不知道還痛苦。

成長是需要陪伴的，無論是孩子還是成年人，不要讓自己孤獨地面對挑戰，這真的是一件很難的事。學會尋求幫助、發現資源，從不同的途徑獲得力量，讓自己的生命之旅可以更加輕鬆和享受一些吧。

有力量選擇你愛的，也有力量離開你不愛的

很多人之所以有選擇障礙，是因為他們天真地認為當下的選擇是決定一切的關鍵。期待只要做了「正確」的選擇，未來就會順風順水了。但其實，選擇不會讓事情變好，讓事情變好或變糟的，是你自己。

兩頭求全是不可能的

兩難是很多人的生活狀態，離開還是留下，往左走還是往右走。不管是在工作領域還是在感情領域裡，出了問題，無法離開，卻也無法留下來給予全心全意的承諾。既不站起來奔跑，又沒有躺下來好好休息，而是蹲在原地，力量被消耗卻毫無成果。

很多人每天上班的心情都很沮喪，對工作不滿意，想要離開，可想了幾年都拿不出力量做一個決定，各種擔心和顧慮。真要留在原來的工作環境裡，打算全力以赴、絕地反擊，卻又開始各種嫌棄和無力。

在親密關係中更是如此。我們可以不斷地抱怨自己的伴侶，但卻不願意做出任何實質性的改變。沒有力量分開，去面對陌生的生活，也不願意全力以赴地在關係中再次給予承諾。常常體驗到疲憊和失望，可是已經習慣了兩個人一起生活的感覺。

這種熟悉帶給你某種脆弱的安全感，因為無論做什麼選擇，離開還是重新改變和對方相處的模式，都意味著你要進入一種未知的生活。

當我們力量不足時，很難做決定跨越進未知的生活。哪怕那種未知裡蘊藏著極大的機會，也寧願留在原來熟悉的現狀中。

不做任何選擇也是一種選擇，那意味著你在冒險和無奈中決定體驗後者。為了避免選擇所帶來的風險，而試圖兩頭求全不是不可能的，只是最後一定會創造一些有強烈衝擊性的極端事件來讓你被動地做選擇。

我在《弄丟自己的你，過得有點辛苦吧》這本書最後談到過這個部分：

什麼是極端事件呢？就是各種「巧合」的狗血故事，迫使你不得不做出一些決定。想在一起又不甘心或沒信心，就創造一些事，幫自己增加在一起的動力。

我有好幾個學員都有過這種經歷：準備離婚前夕其中一方突發重病——中風、心臟病等，或者一直在糾結是分還是合之際，突然意外懷孕。發生這些事，婚自然就離不了，於是必須繼續在一起。或者想分開又沒力量的，就創造一次極端而猛烈的衝突、意外，然後就勢分開。這種分開通常都是痛苦萬分的，因為所有擅長創造極端事件的人都有力量感不足的共通點。

做決定是需要力量的，不夠痛的時候根本做不了決定，而且力量感和需要痛苦刺激的部分成反比。越沒有力量感，就需要越強烈的痛苦刺激。很多人都習慣了在迫不得已的情況下做決定，極端情況所帶來的外部壓力可以避免內心的糾結，激發潛能來做決定。

透過潛意識創造的極端事件來被動幫自己做決定，也是一種選擇的路徑，但用這種方式做的決定，需要承受極大的痛苦。習慣了這種模式，你就總會在自己的生命中創造極端情況。

而且，這是一種繞過表層自我認知被動選擇的模式，依靠「外部動力」（其實是潛意識創造出來的）來推動自己做決定。即使選擇之後得到了一些收穫，那也更像是一種意外。那是一種被命運的皮鞭抽打著往前走的感覺，是痛苦而無奈的，久而久之對自己內在的力量感和決策力會越來越沒有信心。

當繼續做選擇時，還是無力主動選擇，便會無限拖延，直到再創造出一個極端事件，不得不做出決定。如此循環往復。所有不敢主動做選擇的人無非都害怕一件事：擔心自己選錯了。他們不想面對任何風險。

很多人之所以有選擇障礙，是因為他們天真地認為當下的選擇是決定一切的關鍵。期待只要做了「正確」的選擇，未來就會順風順水了。但其實，選擇不會讓事情變好，讓事情變好或變糟的，是你自己。

你不對，選什麼都是錯的，一手好牌也會打爛。你對了，怎麼選都對。可以逢凶化吉、遇難成祥。不是你的選擇是否正確，而是你是否有力量和智慧讓你的選擇正確。

突然想起知名企業家董明珠的名言：「我從來不犯錯。」有力量的人總能讓自己的選擇成為正確的選擇。

隱藏在我們人格中的那些問題總是要面對的：焦慮，匱乏，傲慢，怯懦，討好，逃避，控制，遷怒，固執……不同的選擇不會讓你避免面對這些問題，不同的只是一個切入問題的角度和遇到問題的先後順序而已。

選擇是對一段關係的承諾，無論是廣義的關係（你和工作、身體、社區、家庭的關係），還是與某個人的關係。

承諾是進入創造狀態的前提，代表決定好要去面對創造過程中所有的未知。當然，選擇結束也是創造，澈底結束的同時也意味著新的開始。

一段關係中的客體，也將成為你的鏡子

進入一段關係時，對面的客體就成了你的鏡子。你的企業，你的家庭，你的伴侶，你的孩子……這些所呈現的樣子就是你的樣子。沒有例外，沒有偶然，且十分精確。

有關係才會有事發生，如果沒有這些事緣，你就不會有機會看到自己模式的局限。你始終被自己的人格所困，認為自己被「別人」辜負或者拖後腿。

所有的無力感都是對自己的盲目認知造成的，看不清自己，就會往外求。一旦外求，就注定會落空的。光在打坐、喝茶或者在身心靈工作坊感受「悟」、「喜悅」、「空」等，一旦遇到人或事就立刻被打回原形，這樣是沒有意義的。你要明白，每一次課程或禪定，都是為了你下一次遇到事的時候可以把這種狀態帶進去而做的練習。

不敢在現實生活中做選擇，事實上是害怕打破現有的平衡，但這種平衡是脆弱的、經不起風浪的。

而我們的潛意識知道這一點，所以即使暫時維持在一個看似平衡的狀態，內心卻依然會有隱隱不安的感覺。如果我們忽略這種不安，那麼離極端事件基本就不遠了。

人的內在意識有著複雜的組成機制。我們有大量的人格模式是隱蔽的，沒有被自己所覺知。在關係所帶來的某種情景下，一些我們潛意識深處沒有被意識到的碎片會被觸發，並被呈現出來。

比如，你剛決定進入一段親密關係時，你相信你會一直愛他。在那一刻，你的愛是真心的、是堅定的。這時，我們所運作的完全是表層意識，是我們當下能捕捉到對自己的全部感覺。你越不了解自己，能捕捉到自己的感覺就越淺顯。

但後來你們發生爭吵，在爭吵時對方決絕地轉身離去，把你一個人孤零零地留在原地時，這個場景一下子觸發了你四歲時，父母在你百般哀求下依然離開你去上班的回憶，那種被遺棄和絕望的感覺。

那段記憶已經在你成長之後被塵封起來，你自己都忘記了那段經歷，但那個被遺棄和不值得被愛的感覺進入了你的人格深處。當對方的這個動作做出來之後，這種感覺馬上就被激發了出來。

然而，在絕大多數情況下，你是不會意識到這種感覺是來自你童年的經歷的。很多時候，我們被當下的情景所觸發的不是那段回憶，而是那段經歷所帶來的感覺。所以，我們很難分清楚那些強烈的情感反應有多少是當下的事所帶來的，有多少摻雜了沉積已久的陳舊傷痛。

這種觸發其實是一個絕佳的自我修復的機會。平時，這種感覺是一種人格底色，很難被你所覺知，而在這一刻，這種感覺浮到了表意識層面，你可以抓住它了。

如果我們能把注意力放在自己的內在，去觀察，並自我擴展、自我療癒，那麼我們就能穿越自己這種不值得被愛的感覺，帶來自我意識的澈底改變。

然而，絕大多數人的反應是，這種感受被觸發之後，我們會受傷，然後進入防禦模式。為了避免這種感覺再次被觸發，我們開始往後退，心開始關閉。於是很自然地，想分開的念頭冒出來了，質疑這個人值不值得愛的念頭出來了，質疑之前做的決定是否正確的念頭出來了。

而且，不僅僅是實際發生的事情會觸發那些感受，即使什麼事都沒有發生，一樣可以創造出受傷的感受。小我有種強大的強化情緒功能，就是前面提到的「演繹」。

例如，你在家裡整理房間，突然看到對方的襪子，然後想到在買襪子的那天你們吵架的事情，想到他對你說的那些傷人的話，想到你為對方付出了那麼多，想到……

這時，可能別人只是看到你對著衣櫃發呆了兩分鐘，但你已經和兩分鐘之前的狀態完全不同了，你的能量急劇下降了。

如果還沒有覺知一點，你可能直接拿起手機傳訊息給對方或打電話了。即使當時你忍住了把情緒表現出來的衝動，但當你晚上再見到對方時，必定是缺乏耐心，滿是批判，各種看不順眼的狀態。

如果習慣縱容這種內心戲碼，用不了多久，你基本上很快就會進入下一輪是分開還是在一起的左右為難了。選擇最難的地方是，你不是做一次就夠了，而是隨時隨地都在做選擇。

沒有成長的人會跟隨自己的這種習氣，創造出各種悲苦、沉重的命運，最糟糕的是自己創造出來卻不自知，還以為是當初做錯決定了。選錯人，或是愛情的錯、婚姻的錯，或是更具象的理由，是我太信任他了、投入太多了、太毫無保留了……

如果是這種歸因水準，只能說，你對自己的了解實在是太少了。據說，有一種在情感中的「三不男人」：不主動，不拒絕，不負責。這類人可以說是被動人生態度的典範，被動的人害怕面對選擇。

所有的選擇都必然會看到更深的自己，他們沒有勇氣面對內心底層翻湧上來的感受。所有的逃避，本質上都是逃避面對自己。他們選擇保留那種虛假的平靜感，寧可讓自己麻木，也絕不冒險體驗任何傷痛或是失敗的感覺。

Facebook 創辦人馬克祖克伯說：「最大的風險是你根本不去冒險。」不往前移動，就會停留在原地，然而宇宙小到夸克大到恆星，都是在不斷地震動彼此交換能量的。

生命就像一條川流不息的河流，當你想在一條河流中保持靜止狀態，所需要消耗的生命力其實比往前移動所要消耗得更多。

輸不起的人永遠也沒有機會贏，因為他們不會給自己真正參與的機會。其實，他們不明白的是，只要做出了決定，就已經贏了。無論是在感情還是在事業層面，任何全心參與過的體驗都不會浪費。

生命是一個巨大的拼圖，你很難在剛剛開始就意識到那些雜亂圖案的碎片意味著什麼。但是，只要一片一片拼下去，你很快就會發現那個碎片對於整體的價值。

你曾經做過的那些毫不相干的事：大學時的某份打工，一次失戀，一個人的旅行，一段外派經歷，一次糟糕的分離，一次創業……

有一天，你會發現在那些經歷中所學習到的東西原來比你想像的還要多，而且都可以在某個點被使用出來。可是，這些事，如果你不去經歷，怎麼會知道呢？

去愛每一個你想愛的人，做所有你想做的事，不需要考慮多麼完美、周全。事實上，你不做，永遠都不可能預料到選擇之後會發生什麼。去體驗、去學習，並在這個過程中不斷地擴張自己。帶著深情播種，帶著喜悅收穫。讓自己來地球的這段體驗豐饒而充沛，除了體驗，你還能擁有什麼呢？

練習：幫助自己做決定

準備好色筆和紙，一個安靜的、不會被打擾的空間，還有至少三十分鐘充裕的時間。

想出在你目前生活中一個重要的課題，可以是買一件重要的東西、一次旅行、一次課程、換工作，或是開始（終止）一段關係，寫在紙上。

安靜地坐著，放鬆身體。讓你內心深處的感覺浮升上來。至少花五分鐘時間想這個問題。去連結自己的本體，在這股力量的指引下，把任何新的想法記下來。

停留在這安靜、放鬆的狀態中，想想你現在能做什麼，為你的生活帶來更多的力量和平衡。將你的想法寫下來。

當你具備怎樣的特質的時候，你就會更容易行動或做決定？例如，勇敢、智慧、自信……

去感受帶著這樣特質的自己，他看起來什麼樣子、什麼姿態？是站著，還是在跑？穿著什麼樣的衣服？散發著怎樣的能量？完全地去感受這樣的自己（這樣的狀態至少保持三分鐘）。並去感受這樣的自己會如何來看當下所面對的這個選擇是一種怎樣全新的感覺，把這個感覺變成一種畫面意象畫出來。不用在乎畫得好不好，只是讓自己單純留在這種感覺裡讓圖案呈現。

我曾經七次鄙視自己的靈魂

第一次，它本可以進取時，卻故作謙卑；
第二次，它在空虛時，用愛欲填充；
第三次，在困難和容易之間，它選擇了容易；
第四次，它犯了錯，卻藉由別人也會犯錯來寬慰自己；
第五次，它自由、軟弱，卻把它認為生命的堅韌；
第六次，它鄙夷一張醜惡的嘴臉時，卻不知那正是自己面具中的一副；
第七次，他側身於生活的污泥，雖不甘心，卻又畏首畏尾。

——紀伯倫

你的習慣決定你的方向

不要以為維持現狀會很輕鬆，萬事萬物的能量都是流動的，你也是一股流動的能量。期待一直讓自己的生活保持原樣，就好像在一條湍急的河流中試圖把船固定在原地不動一樣，維持現狀所付出的代價，並不會比往前躍進要輕鬆。

我在為我的一位導師電話協助時，聽到她在電話那頭無奈又憤恨地說她的一位訪客：

「這人怎麼能把自己的生活搞成這個樣子！」

雖然這種批判對於諮商師和客戶之間的關係有著嚴重的影響，而且在批判對方時，支持對方改變的力量就消失了，但我在這裡想談的並不是關於一個心靈導師的自我修養，我想談的是：

為什麼有這麼多人可以做到縱容自己的生活不斷變糟，寧可選擇「忍」，也不去面對和解決？

做導師的工作，讓我有機會看到很多人的生命故事。不得不說，我發現人們忍受痛苦的能力是非常令人震驚的⋯⋯

有時，我第二天要出差，但訪客非常著急地想要見我，根本無法等到我出差回來。於是，我只好臨時安排晚上的時間給對方。

這樣的事情發生過好幾次，來的人通常都已經處於「病入膏肓」的階段，不來則已，一來就十萬火急。原因很簡單——已經「忍」到極限了，一分鐘也忍受不了了！這時候，真的要努力保持中正、平和，把那個「你之前在幹嘛」的念頭給放下⋯⋯

通常來說，人們練就上乘「忍」功有三個重要的原因：

❶自我生命標準太低
❷僥倖心理
❸自我閹割式的歸因習慣

自我生命標準太低

很多人在和親密的人吵架時，會把積壓很久的怨氣一股腦地用一種崩盤的方式表達出來，說出很刻薄的話，對方感受到傷害再憤恨地回擊更惡毒的話。兩個人的心都被狠狠地戳傷，彼此的關係也被撕扯得稀巴爛，盛怒之下想掐死對方的心都有……架吵完了，幾天都不說話，等氣慢慢消了，雙方又假裝什麼事情都沒有發生一般繼續生活。不去面對之前發生的事情，不會鄭重地道歉，不會去見關係諮商師，即便和對方在同一間屋子裡共處，深深的裂痕就擺在眼前，兩人的關係如履薄冰。但是，好像只要晚上對方還能回家，三餐繼續，日子就可以繼續這樣過下去。

如果問當事人，發生了這麼大的衝突為什麼不去跟對方深入地溝通？通常得到的回答是「談了也沒用」，或者「越談越糟」。如果你繼續問：「那為什麼不去尋找更專業、更有力的支持？這樣生活不難受嗎？為什麼不去為自己爭取更有幸福感的生活狀態？」

他們的回答通常是：

「過日子不都是這樣嗎？」

「大家都這樣，還有人……我這還算好的了。」

「我只是想好好地過日子，也沒多大要求。」

你覺得生活都是這樣，是因為你父母以及周圍的親朋好友都是這樣。你沒見過在關係中，雙方可以安全地向對方敞開心門表達心底最隱祕的脆弱，可以完全地愛著對方卻不用控制對方，可以彼此支援卻沒有半點犧牲或看輕對方，可以平等、尊重而且彼此欣賞，可以彼此獨立卻又彼此忠誠，可以做任何自己想做的決定，並且相信對方一定會信任並全力支援……

但是，很多人因為沒體驗過甚至沒見過這樣的相處方式，就以為這樣的關係不存在，便把那些充滿控制、猜忌、犧牲、隱忍、憤怒、小心翼翼的關係當作理所當然，以為這就是正常的生活。

迪士尼二〇一五年出品的電影《仙履奇緣》裡，仙度瑞拉初次見到王子時說了一句臺詞正道破了這個祕密：「正常並不代表正確！」當自己過去生活的歷史經驗（原生家庭的生活基調）和現在生活的環境（親朋好友的生命狀態）已經制約了你的世界觀、人生觀，當你把混亂，充滿焦灼、糾結的生活狀態當作生命的常態時，出去見見世面就變得很重要了。

韓寒拍攝的電影《後會無期》裡有句臺詞：「你連世界都沒觀過，哪兒來的世界觀？」無論是讀書（有品質的好書），還是上課進修、旅行（和高能量的人一起），都是重新沖刷內在框架很好的方式。

我見過的所有把自己的生活過得風生水起的人，都是很「貪心」的人。他們眼界很高，世界很大。他們不願將就，很早就決定：我的生活絕對不只是這樣！

在親密關係領域中：

超過二十四小時的冷戰；

感覺對方不再願意向自己敞開心扉；

發現跟對方說話時自己竟然需要小心翼翼；

動過好幾次分開的念頭；

對彼此開始缺乏耐心……

這些對於有些親密關係的人來說是家常便飯、熟視無睹的事情，對於另一些人來說卻是極其需要重視的訊號。這樣的人總是願意大刀闊斧地去改變、去成長、去擁抱變化。甚至在別人眼裡還很不錯，他們都不能忍受生活中的「雞肋」來消耗自己，這不僅僅表現在親密關係中，還表現在工作、健康等他們重視的領域。

中島哲也導演的電影《下妻物語》中有句臺詞：「抓住幸福其實比忍耐痛苦更需要勇氣。」

當我們勇於看到更多可能性時，會發現原來世界上真的有人可以把自己的生活過得多姿多彩、喜悅、幸福，而那些人並沒什麼三頭六臂，起點也未必比你高多少……看得多了，見識廣了，見過好東西了，自然就會提高對自己生活狀態的標準，就不會甘於「湊合過日子而已」、「過一天算一天」、「差不多就可以了」，也不會把將就當作美德，終於不是讓日子來過你，而是真正開始掌控你的生活……

僥倖心理

這種人就是一個「混」字大法，在關係中遇到各種不舒服，都抱著僥倖心理：

「我想忍一忍就過去了。」

「我以為時間長了就會好的。」

「我覺得有了孩子就不一樣了。」

「我想孩子大一點懂事了就會好了。」

歸根究底一句話：「我期待在我不做任何實質性改變的情況下，問題慢慢消失，事情會自然變好。」

你混你的生活，你的生活自然就會混你。

這些在關係中積壓的負能量絕不可能因為時間的流逝而消失，只會因為時間的流逝而累積到某個臨界點時爆發，不是正面表達就是側面表達。這種靠逃避和不面對問題所維持的關係，也許表面上還過得去，兩個人同出同進，也沒有多激烈的爭吵（害怕衝突，都隱忍下來）。

這種關係表面上風平浪靜，實則暗潮洶湧。只要發生一個導火線事件，就會新仇舊恨「連本帶利」一起算，要麼不爆，要爆就會極其猛烈，直接割裂關係、離婚、斷絕關係等。還有更會逃、更會忍的，把這些關係中產生負面情緒的淤堵壓抑到自己的身體裡，形成疾病。你稍加留意就會發現，那些處於常年爭吵、冷戰的家庭關係中的人都是一身的病痛。

宇宙法則有物質不滅定律，同樣有能量不滅定律。所有在關係中形成的情緒都是一種被堵塞的能量。把頭埋在沙子裡假裝問題不存在是一種兒童式的自欺欺人。就好像孩子害怕怪物來的時候，通常會用被子把頭蒙住，然後就安心了。

嚇人的怪物是兒童幻想出來的，但成年人在關係中造成的裂痕是真實存在的，需要去面對和修復，越早修復越容易。未病可比未病難治多了，等病入膏肓時，醫術再高明的醫生也只能說：「回家吧，醫院真的無能為力了。」

有人可能會說：「我想面對、想解決，可是解決不了啊，所以只能自我安慰，不然日子要怎麼過啊。」

關係教練有個很重要的守則——每個人都具備讓自己成功、快樂的資源，只看他是否使用。事實上，之所以解決不了問題是自己一開始看待問題的角度就是錯誤的，把自己解決問題的力量閹割掉了。這就涉及下面談到的歸因方式：

自我閹割的歸因方式

每個人看待事物的角度都是不同的，由自己的養育者的信念系統、過去的生活經驗、平時攝取的各種資訊來決定。或者換種說法，這些你從小到大、有意或無意攝取的資訊，造就了你的人格特徵，決定了你今天如何思考問題、如何定義自己的歷史，以及所有的信念體系。

童年時期先放一邊，我們來看看成年之後的你都習慣於攝取怎樣的資訊。

這些資訊包括：

你看什麼類型的電視節目？綜藝節目，紀錄片，時事評論……

選擇看什麼類型的影視劇？肥皂劇，言情片，戰爭片，本土劇，韓劇，歐美劇……

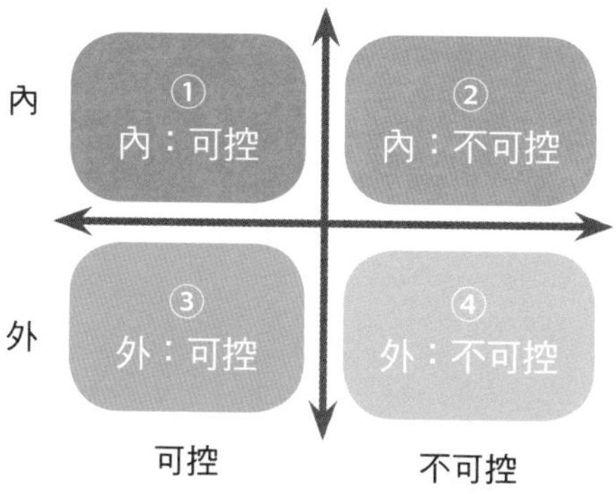

▲歸因象限

看什麼書，或者不看書？

你身處什麼樣的環境：

你經常出入的場合？KTV，酒吧，公園，健身房，圖書館……（你有沒有出過遠門？有沒有去過和自己的生活、文化完全不同的國家或地區？）

你周圍重要的人的類型？是什麼思考類型，他們習慣怎樣的歸因方式，什麼樣的工作類型，年齡結構，收入水準……

這些都會決定你習慣的歸因方向和深度。

歸因：習慣的不同→解決問題的結果不同→生活境遇的不同→命運的不同。

在這裡介紹一個心理學知識——歸因象限。

內——外

內歸因就是把這件事歸結為自己的原因導致的：我是個什麼樣的人？我有怎樣的信念？我做了什麼導致這個結果？外歸因就是由他人的原因導致：他是什麼樣的人？他有怎樣的信念？他做了什麼導致的？

內歸因：遇到這樣的事還不是因為我命苦②；我當時不解釋，直接道歉就好了①；生活在這樣一個體制下，我只能做這樣的選擇②。

外歸因：她們女人都這樣④；沒辦法，誰叫我遇到這樣一個婆婆④。

可控——不可控

可控和不可控歸因。導致這件事發生的因素是可以透過人為控制改變的——行為、方式、習慣（思考習慣，情緒習慣，語言習慣等），還是無法透過人為控制改變的——天氣、時代、大環境等。

可控性歸因：如果我能多關心關心她，她就不會這樣了①；如果我平時少一點抱怨，多一點肯定，我們的關係就會不一樣了①；他能少玩一點手機，多跟我說說話，我就不會那麼生氣了③。

不可控性歸因：誰叫我是個女人②（性別不可控）；爺爺奶奶再怎麼對孩子好，孩子都更喜歡爸媽②（身分不可控）；還不是因為我年紀大了，他才嫌棄我②（年齡不可控）；還不是因為我沒錢②（財務現狀不可控）；我知道我脾氣不好，但我就是這性格②（性格不可控）。

這裡要特別說明一下，其實性格、脾氣完全屬於可控性因素，但如果當事人對心理學不了解，就會理所當然地把這個歸於不可控因素，形成極大的自我限制，等於用腰帶綁住了自己的脖子。它們應該屬於象限①這個區域，再不透過學習給自己鬆綁，真的就栽在自己手上了！

象限③④都是把問題的責任推向外部因素。歸因在象限②的人看似在找自己的原因，其實只是沒有把責任推向某個具體的人，而是某種更龐大的系統或不可抗逆的力量——命運、性別、時代等，是一種比把責任歸因到別人身上更隱蔽的撇清自己責任的方式。

所有的自我閹割內在力量的歸因方式都有一個共同特徵——絕不會出現象限①。

把解決問題的責任推出去，解決問題的力量也就推出去了。把責任推出去，去抱怨、訴苦，做個祥林嫂是很容易的。就算全世界的人都覺得你不用負責任，你很無辜，然後呢？生活的結果依然是由你自己來承擔。

生活不如意，卻總是忽略生活中那些有機會將生命翻盤的關鍵線索，而錯失解決問題關鍵的人，常常在不如意的事件上有一種很無力的感覺，彷彿被命運狠狠地卡住了喉嚨。其實，只要願意在象限①上歸因，很快就會體驗到力量感和希望。

電影《蜘蛛人》裡有一句很經典的臺詞：「能力越大，責任越大。」這句話反過來說也同樣正確：「責任越大，能力越大。」不要把生活的困苦當作常態，並習以為常，那只是我們祖祖輩輩在過去的年代中苦苦求存時遺留下來看待生活的陳舊眼光，到了今時今日早已不適合成為我們生活的基調了。

認真對待生活，認真對待你的親密關係，不要糊弄對方，我敢保證你絕對不會喜歡承擔糊弄生活的代價。

不要以為維持現狀會很輕鬆，萬事萬物的能量都是流動的，你也是一股流動的能量。期待一直讓自己的生活保持原樣，就好像在一條湍急的河流中試圖把船固定在原地不動一樣，維持現狀所付出的代價，並不會比往前躍進要輕鬆。

千萬不要對痛苦麻木，要保持敏感，拿回對關係的主控權，對自己的生命抱有更大的野心。無論你期待自己擁有怎樣夢想中的生活，你都可以擁有……因為，你絕對值得擁有更好的生活！

那些難解的問題

問答

難題 1

在家帶孩子的人注定無法獲得世界的尊重嗎？

老公收入比我多幾倍，他也時常說我賺的錢少。我對他既依賴又有恐懼，擔心離開他撫養不了孩子。請問，如何練就賺錢多的能力？

答

如果伴侶比自己優秀，無論這個優秀表現在哪方面（賺錢更多，社會地位更高，外型看起來更年輕、好看，等等），而我們不能單純地欣賞伴侶的優秀，反而生出一些恐慌和不安，本質上是並沒有和自己的伴侶合一。內在依然還隱藏了和伴侶競爭的意識，需要和自己所愛的人競爭是很多人都有的模式。這代表了我們在內心深處對交易性的愛的執著。不相信無條件的愛，也就得不到無條件的愛，更給不出無條件的愛。

許多人在內心深處有很僵硬的價值觀：優秀＝有資格被愛。

這種價值觀會讓我們在關係中永遠在「卑微—傲慢」這兩極之間搖擺。

當伴侶更優秀時，很多人就會自卑、不安。但是，如果真的情況反過來，短暫的平衡期結束之後，就會來到另一極：當自己更優秀時，慢慢就會滋生出優越和不甘心。所以，無論賺錢多還是賺錢少，都不會獲得真正的幸福、平靜。

因此，本質問題不是賺多少錢，而是自我價值感低。你的價值觀把自己的價值感和賺錢綁在了一起，當你賺錢比伴侶少的時候，內心就有強烈的不安和自我否定。無論你自己覺察到多少，自我懷疑的能量都會散發出去。所以，你老公時常說你賺錢少，其實是你內在能量的外部顯化。當一個人的潛意識認同某些信念時，周圍就會出現與之匹配的聲音。表面上，你認為是你老公說你賺錢少給你壓力，事實上，這份壓力來自你的內心。你意識深處早就有這樣的認同了，否則他說出來是不會影響你的。

當自己內心沒有這個聲音時，即使對方說出這樣的話，你也可以有更自由的反應。除了委屈、不安和自卑外，其實還可以給出無數種不一樣的反應，比如可以撒嬌：「是啊，雖然我賺錢不多，但是我的眼光好啊！」

或者可以說：「對，你這麼能幹、這麼會賺錢，我超級為你驕傲。」

還可以說：「嗯，我們都在支持家庭的運作。你透過賺錢，我透過好好地照顧家庭和家人。每個人的作用都必不可少，每個人的貢獻都很大！我尊重每個人的付出，我相信你也是這樣的。」

又或者：「我知道你在外賺錢非常辛苦，而照顧孩子和承擔家務又何嘗不辛苦呢？我們都在以不同的方式來支援這個家，我們是一體的，每個人的貢獻都不可磨滅。如果家庭中的一個人非要說自己的貢獻是最重要的，其他人的貢獻無足輕重，那麼只會讓聽到的人心寒。任何一個人心寒得久了，這個家也就冷冰冰的，離破碎不遠了。我希望你以後不要再說這樣的話了！」

這些話都會重新扭轉你們關係的格局，但問題是，這些話你都說不出來。即使你照原樣背下來，也無法攜帶那種放鬆的、自信的、堅定的、有力量的能量去表達，而是照貓畫虎、結結巴巴地說出來。不僅聽的人覺得怪，連你自己都覺得怪。語言是內在狀態的呈現，而不是簡單的文字堆砌。沒有能量支撐的言語不過是些空洞的音節而已，產生不了真正的影響力。

所以，你真正需要提升的能力不是賺錢的能力，而是提升自我價值感和增強內心的力量。這些核心的東西不改變，到了真的能賺更多錢的時候，你也會變成新工作的奴隸，去攀附一份高薪的工作、老闆或者客戶，還是不可能獲得真正的自由。

先學會尊重和看到自己的價值，別人才會尊重和看到你的價值。每天花一些時間去觀察自己在如何自我懷疑、自我否認，以及如何把恐懼投注在未來，去創造對未來的焦慮感，去試著停止這些習慣性的心智模式。同時，重建新的模式，比如更加欣賞自己、欣賞身邊的人，更快做決定、更多行動力，滋養自己、提升自己。當內在的狀態改變時，你自然會看到伴侶對你的態度開始改變，看到更多的資源和機會來到你身邊。

難題 2

如果自己能滿足所有期待，親密關係的意義在哪裡？

周梵老師好，您的文章裡舉了一個例子：一個女人覺得先生越來越少和她說心裡話，越來越不重視她的時候，她選擇降低自己的欲望，這種做法不妥。但是，如果她要與那個欲望共存，欲望又得不到滿足的情況下，她如何去調整呢？

答

降低自己的欲望往往很容易變成一種自我壓抑。而且，一旦選擇壓抑自己的欲望，不讓這股力量爆發出來，就會同時發展另一種能力——自我合理化。就是不斷地說服自己降低標準是合理的，比如，一個女人很希望能和自己的伴侶有更多精神上的交流，但是用了很多方法都無果。在挫敗和憤恨中，她逐漸喪失了希望，於是對自己說：

「算了，大家都這樣。」

「他至少是忠誠的、顧家的，這已經比很多人的婚姻要好了。」

「結婚就是將錯就錯，能正常過日子就行。這就是婚姻。」

這樣做雖然可以平復挫敗感，但是有個巨大的副作用，那就是當你習慣合理化壓抑自己的需要時，就需要把自己的失望感等同於世界的常態。這樣，挫敗所帶來的自我攻擊就會下降，因為如果承認別人都能擁有圓滿、高品質的婚姻，而自己的婚姻卻形同死水，這種如同自己是世界上唯一的失敗者的感覺會讓人從裡到外顏面盡失。

為了消解這種巨大的挫敗感，小我會本能地去合理化自己的失敗，把這種失敗擴大為全世界範圍的正常現象。如果這是常態，那麼自己的失敗也就稱不上失敗了，至多是時代或社會的悲劇，自己只是整個時代車輪下無辜的受害者，更多是無奈罷了。相比起挫敗感，人們更容易帶著無奈維繫正常的生活，但帶著深深的挫敗感卻很難做到。

無奈是一種不太強烈的情緒，不會讓人有劇烈的不適感，但卻像一把鈍刀，以整個人格的底色在後臺運作，一點一點消磨生命的活力。活力是與希望和行動息息相關的，一旦把自己的問題合理化成普世問題，希望之光就被自己封鎖了。

在這種情況下，連攜帶其他可能性的資訊都會被過濾掉。這是由人的心智模式決定的，心智只會選擇和自己所認知的信念同頻率的資訊，或進入自己的世界。只有和那些會告訴你這個世界確實就是這樣殘酷、無奈的人相處，才會讓你感到熟悉的生活方式是不受威脅的。一旦形成一個自圓其說的內封閉循環，這個人就會澈底陷入自己親手打造的宿命之中，再無翻盤的可能。

人們往往期待較高的對象都是很親密的人，例如伴侶、父母、孩子，所以很多人都會有很多想當然的期待：

「她是我的老婆啊，她就應該……不然我結婚是為什麼？」

「他是我老公啊，他就應該……不然我嫁給他圖什麼？」

「他們是我父母啊，父母不就應該……」

「他是我孩子啊，他應該……不然我養他幹什麼？」

這種信念如此廣泛，大家會把親密和期待混為一談，好像一旦跟一個人形成足夠親密的關係，對方就有了滿足你需要的義務，你也有了要求對方的籌碼。這很糟糕，所以會有那麼多人感覺到親密和自由是對立的，雖然真相並不是這樣。

隨著歲月流逝，當人們發現另一半並沒有被我們改造成自己所期待的樣子時，失望之餘會陷入深深的無力感和挫敗感之中。不過，他們並沒有透過泛化問題來稀釋自己的挫敗感，而是透過和對方隔離，讓自己變得更加獨立的方式來避開無力感。

從獨立到孤立。

這種失望之後的獨立性是以切斷連結為代價的，而且這種割裂多半是發生在心理上的。雖然外部的婚姻形式還保留著，但心已經離得很遠很遠了。

這種放下期待的方式，並不是真的放下，只是收回期待，同時也收回了愛。

他們也能發展出一些自我滿足的能力，比如獨自去旅行、建立更豐富的社交生活、更投入工作……他們會把目標轉移到其他事物上。在這些事情上確實可以獲得一些成就感和存在感，但這種力量的發展是不平衡的，是失望至極之後決絕的孤勇。使用的全部是太陽神經叢（七脈輪中的胃輪）的力量，這是一種純陽剛性的，靠意志力支持的能量。這種狀態短時間內看起來整個人精力充沛、雷厲風行，但沒有愛的滋養，所使用的每一分力量都消耗自己的本元。一段時間之後，人會憔悴、蒼老得非常快，身體也會不堪重負出現很多問題。

尤其是外部目標已經得到些階段性成果，物質所帶來的愉悅會來到一個臨界點，更多的成就已經不再讓人振奮了。整個人會逐漸進入一種越來越沒有活力，對生命無意義感的沉寂狀態。不是為愛而戰的戰士，就不會有足夠的能量支撐他們進入下半場的戰鬥。

很多人都會透過隔離的方式面對自己在關係中求而不得的挫敗感，然而習慣用這種方法面對自己的挫敗感是非常危險的。就像手痛，試著醫治，沒醫好就把手砍斷，腳痛再把腳砍斷，砍了左腳砍右腳，習慣性隔離就等於不斷地切割精神的身體。人生命中能獲得源源不斷能量的唯一方式就是連結，失去愛和連結的孤獨生命會萎縮得很快。

事實上，欲望並不是壞東西，無論是在情感中還是在物質上。它的存在給予我們成長的方向和動力，當我們求而不得時，需要做的是反求諸己，去看看自己的哪些部分做得不足，才無法獲得自己想要的。

可能是能力的缺乏。比如，對語言的掌握力，對溝通時機的把握，對對方狀態的敏感力，對自己情緒的覺知和轉化的能力等等。能力的不足其實不打緊，因為這些都是可以透過後天的學習、訓練不斷提高的。

最糟糕的是缺乏足夠成長的意願，被無力感和受害者的模式所控，習慣沉浸在過去被傷害、被忽略的悲傷中無力自拔。一到需要真正改變自己的時候，內心的倔強和不情願就會冒出來，「憑什麼……」、「為什麼一直是我付出……」這些思考模式如果沒有突破，連行動的方向都是錯的。

所以，保持期待是好的，因為不降低標準，就需要尋找方法去達到這個標準，就有機會發展出能承載自己期待的能力。

成長的祕訣就是有及時發現自己不足的洞察力，並有學習和改變的行動力。而這兩者的核心就是，每次當期待落空時，學會不帶自我攻擊的自我反省。

很多人都有「我犯錯＝我不夠好」的想法，這是非常危險的，會讓他們害怕承認、面對自己的不足，好像只要承認自己某個地方的不足就連自己這個人的價值都會嚴重折損。所以，當問題出現時，他們會本能地迴避自己的問題，而把問題的責任歸因到外部原因。

這種心智模式會讓一個人變得對自己非常盲目。笨可以學聰明，脆弱也可以練習到強大，但一旦蒙蔽了自我，就連改變的機會都被澈底切斷了，那才是最可怕的事。

不將就，也不苛求；不依賴，也不孤立。即使自己有開疆拓土的力量，也依然不妨礙你享受與心相擁、愛意綿長。

難題 3 ——

如果能讓自己過得很好，婚姻的意義在哪裡？

自從經歷過一次很重的情感創傷之後，我就不太期望愛情了。總覺得自己既能自由自在，又不用考慮對方的感受，還不會有吵架、妥協之類的事情。如果能完全自我滿足，伴侶的意義是什麼？愛情是我們人生的必需品嗎？

答

這個問題很有代表性，今天和大家一起分享一下。無論是我們在情感中還是在其他的領域，比如說金錢、工作等，當體驗到一次又一次失望之後，我們就會進入到一個狀態——隔離性收縮預期。

失望源自我們有標準和期待，當對方或現實的結果沒有達到那個期待時，自然就會失望。

期待一直沒有被滿足，在一次又一次失望和挫敗感的積累之下，就會產生巨大的失望，乃至絕望，到最後甚至會產生對愛本身的巨大幻滅感。

放眼望去，看到自己的世界在繁花似錦的外表下是一片荒蕪，所有值得依靠、相信的東西都沒有了。原本渴望對方能陪自己說說話，讀懂自己的疲憊，結果得到的卻是敷衍、不耐煩、隔離，或者把自己當作一個出了問題的物品一樣，拿出一堆工具（道理）修理一番，又或者給予一些蒼白的安慰。如同聽一個蹩腳的歌手唱歌，記住了歌詞卻沒有跟上歌曲的節奏，讓聽的人感覺彆扭又尷尬……孤獨是脆弱的，這個時候比任何時候都敏感且容易受傷，而通常那個跟你關係最親近的人總是有比別人更多的機會讓你失望。

每次試圖期待對方給出的反應無果，希望一次又一次的落空，會讓人感到無比挫敗。這時，知道自己的期待會導致受傷，於是為了避免受挫，就必須放下期待。

但是，當沒有透過成長來自我滿足，或者療癒心中的空洞來真正放下那份期待時，我們便透過強行切斷自己的期待來避免失望感。

這種方式很常用，它可以用在很多關係上。

我們常常會覺得自己成熟了，對一些事情看起來變得更平靜，變得更加沒有情緒的起伏了。而我們是真的平靜了嗎？是真的成熟了嗎？

不見得，因為平靜和麻木是非常相似的。

平靜是情感依然湧動，依然有足夠的敏感度，而且讓自己和他人很有連結，也能正視和尊重自己的需要，透過自我的修煉做到對內滋養，對外能有效地表達和溝通。前者能轉化自己的期待而自我滿足，後者能用有效的溝通方式邀請對方滿足我們的期待。

而麻木則不一樣，麻木是期待還在，受傷的感覺還在，但是因為它太痛了，我們太不喜歡了。麻木是在心中不斷拉遠和對方的距離來讓自己把原本在親密關係中的期待收回。所以，最後期待是沒有了，但親密也沒有了。這種放下期待的方式是以疏遠關係為代價的。

此時，疏遠的不僅是一個人，而且也疏遠了對生命的熱情和信心。

之所以覺得進入一段關係很麻煩，無非就是我們既要滿足別人，又要對自己妥協，要自我成長，也要關注別人，還要在別人需要的時候給予支援。

但是，仔細觀察一下，任何事情，在當我們覺得麻煩的時候，並不是事情本身麻煩，而是我們做那件事情的時候覺得費力，所以才會覺得麻煩。

比方說，我們不會覺得幫孩子蓋積木很麻煩，因為這對我們來講太輕鬆了。我們很容易能夠做到，這是一件手到擒來的事情。只有一種情況我們會覺得為孩子搭積木很麻煩，就是我們對這件事情有很多批判。如果我們覺得為對方做這件事情很浪費時間，或者覺得對方應該自己做，我們就會覺得麻煩。

所以，當我們對於在關係中去給予的支持和陪伴感覺到麻煩的時候，無非就是這兩點一種是我們給不出來，我們給得很費勁；另一種是我們覺得不應該自己來給，憑什麼要我們來給，我們本來是可以不給的。

後者雖然看起來是有能力做到，只是不耐煩或者是有批判心，才顯得麻煩，但本質上還是能力不足，因為我們陷在自己的這種限制性的念頭裡，我們對事情有一堆的批判，覺得他應該怎麼樣，不應該怎麼樣。

如果你沒有辦法從這種情緒和信念裡走出來，這本身也是自我反覆運算力弱的表現，依然需要去擴充和成長。

當你進入一段關係，如果你覺得去關心他的感受很麻煩，去猜他怎麼想很麻煩，本質上是我們內在的力量感和能量不夠，所以做一點點的事情，我們都會覺得很疲憊。而之所以會很疲憊，有一個很重要的原因是我們對事情本身有很多隱蔽的限制性認知。這套認知形成一整套標準，我們自己都沒有意識到。當我們進入親密關係的時候，我們所呈現出來的那些對對方的期待也好，不滿也好，或者是那些失望的感覺也好，它們原本就處在我們內心的潛意識中。

當別人需要時，我們無法給予支援，就必然會面對自己的無能感；當自己需要支援時得不到，就會感受到失落和無助。這些感受本質上並不是另一個人帶來的，而是我們內心本來就有，只不過藉由關係互動的情景有機會讓內心的空洞呈現出來，被看到。即使沒有親密關係，內心的洞遲早也都會呈現出來。

而當你沒有關係的時候，你會進入孤獨的狀態，也就是一個人的狀態。如果用另外一種說法來表達，就是當你獨處的時候，你會進入自己和自己的關係。你依然會面對很多複雜的情緒，那些一個人的孤單感、無助感、虛無感或者很落寞的感覺，覺得自己很渺小、無意義、無助的感覺慢慢地都會湧出來，所以其實你並沒有真的去適應孤單。當然，如果你適應的時間夠長，依然可以很快樂、很幸福，那說明你是真的過關了。

當我們進入長時間孤單的時候，有兩種情況。一種是你可以完全地享受這種狀態。如果你真的能夠百分之百享受獨處的狀態，基本上我也可以百分之百的肯定：當你進入一段親密關係時，你也會處理得很好。

但是，更常見的一種情況是：雖然你沒有親密關係、沒有愛情，但是你所有潛意識裡的那些空洞、渴望、需要，依然會在你無覺知的情況下投射在你生命中的其他關係裡。比方說，你的父母，你的閨密，你的朋友，你的老闆，你的團隊等等。所以，你依然沒有辦法避免在關係中體驗到那種很疲憊的、麻煩的、想要放棄的，然後又硬著頭皮去面對的感覺。你是沒有辦法迴避的，因為只要你活著，只要你有關係，你就一定會產生這樣的感覺。

你的問題裡最後問道：「愛情真的是生活的必需品嗎？」

愛情當然不是生活的必需品，但成長是。你可以沒有愛情，可是你不可能沒有關係，關係是無所不在的，包括一些概念性的關係。例如，和金錢的關係，和工作的關係，和健康的關係，和世界的關係，等等。這些和抽象事物的關係一樣在影響著你生命的方方面面。

所以，當我們從一段關係裡體驗到失望或受傷時，絕對不要進入否認愛情、否認婚姻、否認親密關係的狀態，因為本質上並不是愛情、婚姻或者另外一個人帶給你這種感受，而是你帶給自己這種感受。

當我們進入一段關係時，對方會成為一面鏡子，映射出那些我們自己都不願意去面對或沒有覺知的部分。當我們體驗到心痛、失望的感受後，我們要做的就是舔完傷口，包紮好傷口，開始真正地反省和思考，並且從這段所謂的「受傷的關係」中成長。這樣，你才可以在你生命歷程的每一段故事、每一段經歷中涅槃重生，你的每一個階段都會和上一個階段不同。

而如果你只是把問題歸因到：我如果沒有愛情，就可以解決這些問題。透過逃避或用別的合理性的歸因方式去面對這些問題的話，你還是會不停地受傷，只不過是受傷的領域換到不同的情境和對象那裡去了而已，本質上並不會得到改善。

所以，好好地感謝我們那些陪練人物吧。如果他們要離開，就感謝他們讓我們可以藉由這段經歷好好地讓自己變得更加強大、更懂得愛、更加完整。

難題 4

因為需要而走到一起，卻不能相互吸引怎麼辦？

周老師，我在親密關係中遇到了兩難的選擇：一邊是彼此各方面契合、相處融洽，但感覺雙方是因為需要走在一起，沒有本能相愛的吸引和感覺；另一邊是彼此差異很大，動不動就相互批判、指責、嫌棄卻又本能地相互吸引。請問，我該怎麼辦？

答

這個問題很有意思，我們覺得我們會喜歡各方面默契、相處融洽的人，但是現實的狀況有時並沒有那麼符合邏輯。

我們在生活中常會遇到這樣兩難的選擇：有些事明明看起來是對的，但感覺是錯的；有些事明明感覺是錯的，但又好像是對的。

有趣的是，一個相處融洽、各方面默契的伴侶，卻讓你覺得是因為需要而走在一起，沒有本能的吸引和感覺。同時，你還認為彼此差異很大，相互指責、嫌棄，但又有本能的吸引。這其中充滿了糾結。

這是典型的社會人格和陰影人格的相互衝突——你的社會人格和你的陰影人格是沒有整合好的。

第一個人和你的社會人格是彼此呼應的。很顯然，你的社會人格一定是基於你的養育者而形成的。他們認為自己期待讓你呈現的是對的，這個部分被你內化成你的內在父母，形成在社會上表現出的理智的你。也就是那些看起來很得體的你，你呈現在外部的那些形象。

但在你的內心，關於對抗父母、活出自己，去呈現那個屬於你自己的、和他們完全不一樣的部分，是極度渴望的。

更底層的那個陰影人格，它隱藏在你的內心深處，就會吸引另外一個人，這就是本能的相互吸引。

但是，你的社會人格對你的陰影人格又有巨大的攻擊。

一方面，你內在父母（社會人格）的那個部分，有時會對你的陰影人格有很多的嫌棄和攻擊。表面上，你說你們兩個人是相互批判、指責和嫌棄，其實本質上是你對你自己內在那個陰影人格的批判、指責和嫌棄。

比方說，你可能會覺得自己有的時候很拖延、很虛偽，或者是很懶。然後，你把這個對自己的批判、責備和嫌棄投射在了那個人身上，但本能的那個部分（也就是那個一直不能見光，一直在你的潛意識深處的陰影人格部分）又會被這樣的人所吸引。

所以你看，第一個人就是表面上看起來很和諧、很好，你會覺得這種在一起是因為需要。

需要是什麼？是社會人格的需要。

你對所有滿足社會人格的需要又渴望又排斥。你一方面覺得要滿足社會人格的需要，但另一方面又會覺得這樣子好沒勁、好無趣，讓人覺得無聊到不行，所以你就會又吸引一個完全不同類型的另外一個人。

現在，你要做的是什麼呢？

是透過不斷學習和成長，在這個階段高速學習，因為難題就擺在你的面前，對不對？

你需要做選擇。

你需要透過成長去整合內在這兩個相互衝突和矛盾的部分，先讓內在的這兩個部分和解，你的社會人格能夠完全地接納陰影人格，陰影人格也能夠完全不去嫌棄或批判社會人格。當內在的這兩個部分能夠和平相處，能夠共存得很和諧、整合得很好，那麼你外部的難題自然就會消失。

至於具體是如何消失的，是第一個人退出還是第二個人退出？我們不能確定，都有可能，甚至有可能出現第三個人。這三個人同時能夠滿足你所有的渴望，你們既有本能的吸引，同時又各方面相處契合、相處融洽。

我們不對具體的形式去做預期，這是沒有意義的。

永遠不要用我們自己的頭腦限制宇宙的想像力，它自然會用它的方式來引導你解決這個問題。前提是你先要把自己內心的這兩個相互衝突的部分整合好，外部的問題自然就會消失，因為外部問題的呈現其實在真實表達你的內在狀況。

難題 5

我為什麼不知道自己喜歡什麼樣的人？

我二十七歲了，還沒談過戀愛，很渴望婚姻，但不知道自己喜歡什麼樣的對象，也不知道如何去和男性相處，想知道我的問題究竟出在哪兒？

答

首先，你會說自己不知道喜歡什麼樣的對象。一個人喜歡什麼樣的男人或者一個人喜歡什麼樣的女人，跟一個人喜歡吃什麼樣的菜是同樣一件事。要不然，怎麼我們在親密關係中總說「這是我的菜」呢？

你知道你喜歡哪道菜，但你為什麼不知道你喜歡什麼樣的人呢？

因為你就沒有見過幾種菜。你可能天天就吃白稀飯啊小米粥，所以你當然也就不知道自己喜歡吃什麼菜了。

如果你吃過川菜、粵菜、湘菜等，你吃過一圈，你相處過很多的男性，去跟他們交往。這種交往並不是說成為男女朋友，可能只是跟他們做朋友，有過更多的溝通對話。

顯然，你跟男性的交往是很淺、很淡的，可能你一年跟公司的男同事們說不了幾句話，所以你都不知道男人到底是什麼，那你就沒有辦法判斷自己到底喜歡什麼樣的了。當你真的吃過很多種菜的時候，自然就知道自己喜歡吃哪一種了。

所以，這其實不是一個問題，真正的問題是你不知道如何去和男性相處。

當然，在某種程度上這也不能算一個問題，因為其實和人相處是一件本能的事情。就好像你把一個小朋友放到一群小朋友當中，他可能從來沒有見過別的小朋友，但是你把他放過去，很快他就能夠跟那些小朋友玩了。如果他過去的成長經歷中沒有那種很大的心理創傷，他就可以。

你可以跟女性相處，那為什麼不能跟男性相處呢？

就好像有個人說我不會跳舞，但理論上只要你會走路就會跳舞，那你為什麼不會跳舞呢？一定是你對跳舞有很多的批判和很多的限制。

你對男性一定有一些信念，這些信念潛藏在你潛意識的深處，你自己都不知道那些信念是什麼。比方說，你認為在這個世界上，女人是什麼樣子，男人是什麼樣子。

我建議你做一下信念核查，感興趣的朋友也可以一起來做。我們以前去做導師訓練的時候，都做過這個練習：

寫下女人是什麼，我認為女人在這個世界中代表著什麼，男人在這個世界中代表著什麼，或者在婚姻中女人總是什麼什麼的，男人總是什麼什麼的。每一條都寫五十個以上的關鍵字。

有人會說寫這麼多怎麼寫得出來。對，就是要寫這麼多，因為你在開始寫的時候，很有可能只是在用自己的一些很表淺的理性或思維去想，但是等寫到後面，你已經無內容可寫了，你就只能去遵循你的本能，會自動冒一些內容來。你就知道其實在內心深處，你對男性一定有很多很多批判。

你覺得跟男性相處困難有兩種情況，要麼你把男性想得太高，要麼你把他們想得太低。

你可能把他們捧上神壇，覺得他們是這個世界的主導者，覺得男性的眼光很重要，男性比女性在這個時代更有優勢。可能女性誇你，你沒有什麼感覺，但是男性誇你，你就會覺得很受用，這就是你把他們看得很高。

或者你的內心把他們看得很低，在某種程度上，你對男性有很多的輕蔑甚至是貶低。你可能會覺得男人很蠢，或者是很花心、不忠誠、很冷血等。

還有可能是你一方面高看他們，另一方面又在貶低他們。

我們對金錢就會這樣，一方面我們無限地崇拜金錢，覺得只要有錢了就會快樂、自由、被人尊重，把生命中所有的價值都綁在錢上面；另一方面又不斷地貶低它，覺得錢就是個王八蛋，談錢的人很庸俗等。

我們會同時相信兩種完全相衝突的信念，進入那種又渴望錢又賺不到錢，又渴望交男朋友進入婚姻，但始終都沒有辦法靠近男人的矛盾狀態當中。

這種矛盾很普遍，它不只屬於你，我們每個人幾乎都有各種不同的矛盾點呈現在我們的生命中。如果我們內心的信念是完全合一的、純粹的，那麼我們念動，就會在現實世界發生。一念之間，你的世界就會改變。我們之所以沒有辦法做到「一念動世界就改變，一念動就會有成果，就會有相應的現實情景發生」，是因為我們內在有很多相互衝突的嘈雜的聲音在同時發聲，所以我們就沒有辦法做到讓兩股拉力同樣大。就好像一個腳在踩油門，一個腳在踩煞車，那你可能很疲憊，你把油都耗光了，但那輛車也往前開不了幾米。

所以，你要做的就是，透過自我成長和系統的學習，能夠真的整合你內在這兩個完全相互衝突的對於男性的渴望、嫌棄和批判，同時也重新去整合你對於婚姻的認同、認知，還有信念。

你說你現在很渴望婚姻，我的感覺是你其實並不是真的享受婚姻，享受那種彼此陪伴的狀態。有很大一部分原因是你覺得婚姻會帶給你某種意義感、完整感或者價值感。你不是想要享受婚姻，而是害怕孤獨，或者害怕自己孤獨終老的感覺。

可是，愛是基於渴望而不是基於恐懼的，所以這種起心動念就讓你沒有辦法真正去創造它，而是因為恐懼在索求它。

而且，你對男性又有這樣一些相互衝突的信念，最後呈現在你的生活中的，就是一邊很想結婚，一邊卻無法靠近男人的矛盾狀態。

重新認識自己、重新認識男人、重新認識婚姻，你就能夠好好地解決這個問題了。

難題⑥

我希望自己能影響到對方，為什麼他不聽？

自己很想與老公交流、學習身心靈和育兒方面的知識和體會，但往往我才開始說半句話（比如，我剛說起育兒知識），他立刻以知道接下來的內容為由予以制止，且明確表示不想聽，請問如何和老公之間坦誠交流、無話不說？

答

這個問題很常見——我在能量班裡會提醒我們的學員，我們講的一些非常非常終極的東西、非常核心的生命的真相，其實不太適合跟身邊的人分享。

當然，在成長的過程中，我們會覺得：我學到了這麼多東西，有這麼多的改變，很想把這麼好的東西帶給身邊的人。但是，我們要明白，每一個資訊進來的場景很重要。如果這個人忙了一天，或者他滿腦子都是工作的事情，或者你們之前的關係有很多暗潮湧動的東西沒有處理好，你突然去跟他分享這些東西，這是很不合時宜的。

特別是對方還沒有準備好要去接受這些資訊的時候，他一定會抗拒，所以並不需要把你認為好的東西去跟對方分享。

當然，我們會有另外一個渴望——我們希望自己能夠影響對方。比方說，我們學到了一些很棒的育兒知識，我們知道對孩子可以有更多的允許和接納，我們知道在孩子哭泣的時候如何去有效的陪伴。這時候，你希望你的伴侶不要用那種古老的、錯誤的方式對待孩子，彷彿無可厚非。

但是，在這個過程中，你已經有隱蔽的想要改造對方的渴望產生了。看起來你是在跟他分享，但本質上是在傳遞這種想要控制和改造他的能量。

所以，當你一想要討論，他的防禦機制就會啟動，他就不想聽。

我的先生是我們能量班的學員，有的時候在課堂上聽完課之後，他說：「哇，太棒了！」學員問他：「你還覺得這個很棒？這些不應該是你早就聽過的嗎？你天天跟周老師生活在一起。」他會說：「周老師在家裡從來不講課，一個字都不講，只講兩個人之間的事情，或講講孩子的事情，打情罵俏什麼的。」確實是這樣子，我在家裡是不會有任何老師的面向呈現的，所以我在課堂上講的東西我的先生是完全聽不到的。他如果想聽我講這些東西，只能在課堂上聽。

場景真的很重要，如果他準備好了，他會自動去問你，他會想主動去了解。他會說：

「你在看什麼書？」或者他會問：「你上的那個是什麼課？」這時候，你再去跟他分享才是合適的。

但是，你不能以強迫的方式去灌輸他，這裡面帶有很多不信任和不尊重的能量。

在你的提問中還有一個很大的問題，就是你會偷換和老公之間「坦誠交流、無話不說」的概念。

坦誠交流就是你坦誠，你也允許對方坦誠。事實上，對方很坦誠，他不想聽就是不想聽，他已經跟你坦誠交流了，並沒有在不想聽的情況下裝出想聽的樣子，對不對？顯然，你認為的坦誠交流的標準，並不是指「我心裡有什麼想法就把它說出來」，而是「不管你準備好沒有，你都要聽我想跟你講的話；不管你準備好沒有，你都要把你心裡的話告訴我」。這並不是真正的坦誠交流。所以你要明白，你們現在就已經坦誠交流了，只是你認為它應該符合你想要的樣子。

就好像有一些家長經常說：「唉！我們家孩子現在大了，已經有自己的想法了。」有自己的想法是沒有問題的，每個人都有自己的想法，而家長為什麼會把它當作是一個問題來問我呢？是因為家長認為自己的孩子有自己的想法，但是這個想法「和我不一樣」，所以家長就覺得這是一個問題。

很多父母雖然口口聲聲說希望孩子有獨立的想法、獨立的思想，但是如果這個獨立是獨立於父母的，父母就會不高興，就會想要管控。

你和你的老公之間也是一樣的。你既然想坦誠交流，那你就要允許他真實地做自己，不想聽就是不想聽，不想說話就是不想說話。你要做的就是對你自己坦誠——我有想法要表達，這是我的需要，我想要去了解你的想法，這也是我的需要。這個不是你的需要，我不能把我的需要強加在你身上。

所以，如果對方真的沒有準備好，你又很想分享的話，我建議你去找那些合適的人，比方說在聊天群組裡，由一起上課的同學們組成的小組。這些都會有很深的連結和彼此陪伴的狀態，而且大家都有同樣的認知背景，分享起來是非常開心的。

不需要太過固執，一定要在你老公身上去體驗這種彼此分享和探討的樂趣。這樣做其實是在為難他，也是在為難你自己，那就換合適的對象去做吧，尊重你老公現在的狀態。當你真的對他有足夠的尊重和接納的時候，他自然會感受到成長的你所帶來的不同，然後有一天他會主動來詢問你，並且靠近你的世界。

老公從未主動擁抱我，我感受不到愛怎麼辦？

我發現我對老公有點排斥，主要是他總是忙於工作，我感受不到他對我和家裡的愛。除了生理需要，他從未主動擁抱過我，讓我感覺自己像工具。同時，我對於自己狀態不好，滿足不了老公性需求充滿愧疚，請問我該怎麼辦？

答

我注意到提問的夥伴有幾個問題。你會發現你有一個標準，你認為老公的愛一定是要以某種形式呈現出來的。比方說，主動擁抱你，或者透過語言來表達。

但是你要知道，每一個人成長的背景不同，每一個人的原生家庭不同，每一個人從學習到對愛的表達方式都是截然不同的。

很有可能對於你老公來說，努力地工作，然後把錢帶回家，讓家人享受更好的生活，就是他對你愛的表達方式。但是，你非要他用你想要的方式。

當然，這也沒有問題，因為我們都有某種偏好，希望對方用這種方式來表達。但是，你不能期待「我的老公天生就會這種方式」。如果你真的希望他用這種方式來表達，你就需要教他。教他最好的方式，就是用你希望他對待你的方式，先主動去對待他。

教授最好的方式就是示範，你可以主動去擁抱他，對他表達感激，跟他說辛苦了，謝謝他這麼努力工作，讓你們可以買這些東西或者住這樣的房子。他慢慢地也會學會如何用語言或者是用身體來表達愛。

但是，顯然你已經先入為主地對你的老公有了很多批判。這些排斥會讓你不願意主動去做這些事情，甚至連性生活你也會有抗拒，但其實享受性的過程，就是一個非常好的連結方式。

有些人真的不善於用嘴巴表達愛，只有透過和他所愛的人有性的身體連接，他才能夠表達愛或者感受愛。而你會覺得這是把你當工具，其實是因為你自己內心也覺得自己就是功能化的。

你先把自己功能化了，所以才會推己及人，認為你的先生也對你有同樣的想法。而他不一定對你有這樣的認同，他很有可能就是透過身體的連接，透過性的連接，體驗愛和表達愛，但是因為你把自己物化了，所以你就覺得他把你當工具，你才會在滿足不了老公的需求時有愧疚感。其實，你是可以不用有愧疚感的，因為你自己的感受很重要。你覺得做妻子的責任和義務就是應該要配合先生過夫妻生活，正是因為你把自己物化了，把自己責任化和義務化了，你覺得這就是你應該做的，做不到的時候你就攻擊自己。

你需要先去接納自己目前的這個狀態，然後明白沒有人在物化你，除了你自己。對自己有更多的接納，並且試著在和你老公的性愛過程中去感受他的愛，也給予愛。你也可以教他：怎麼樣的性愛方式是你喜歡的，你甚至可以去問他怎麼樣的方式是他喜歡的。透過這樣的溝通去慢慢展開更多其他的溝通，也可以在生活中更多地、主動地去撫摸他、親吻他、擁抱他。

當我們在一個家庭中，不管這個家庭的成員是我們的父母，還是我們的伴侶，我們都要明白，我們期待對方給予，而對方卻給不出來的東西，代表著宇宙讓我們先去充盈自己，先給予。當你真的先給予之後，你會發現對方慢慢地也能給予了。

後記——即使受困，也拚盡全力

愛情，是一抹讓無數人讚頌的生命亮色。

親密關係，是無數生命關係中的一段旅程。

生活中，我們還要面對許多其他的色彩與路徑。

要與父母相處、與孩子相處、與其他人相處，也要與金錢相處、與時間相處、與自己相處、與世界相處……

每個人無償地獲得了生命，生而為人，能夠在這個光暗交替，充滿生機與活力，也充滿機械與殺戮的世界上，好好地體驗一番，這是一件多麼幸運的事。

那麼，你在生命的進程中，體驗到了什麼呢？

而你希望能夠體驗到的，又是什麼呢？

我曾體驗到無力和迷茫，深深活在別人的眼光中，傲慢又自卑，害怕自己不夠優秀。

我曾體驗到自己的關係如一團亂麻，在原生家庭方面，在親密關係方面，在親子關係方面，控制不住自己的情緒，也解不開與戀人的心結。

我曾體驗到在金錢和時間上強烈的匱乏感，有過入不敷出的窘境，有過不敢休息到累病了的困境。

經歷了十來年的個人成長、身心靈學習，一路上有很多大師給予了我幫助和指引。在學習心理知識、人性智慧的過程中，我也不斷地在生活中實修，在一件件具體的事情中覺察我的限制性信念，並修正它，提高我的能量並不斷鞏固。

如今，我已經是兩個孩子的母親，經營著兩家公司，出版了兩本書，我是瑜伽練習者、跑者、極限運動愛好者、心靈導師……我越來越多地活出自我，每一天都活在滿滿的喜悅和自在中。

我願意把我所走過的路，所得到的支持，分享給更多的人。

人是一種迷人的生命，即使他們受困於自己的成長經歷、自己的信念，他們也沒有放棄過生活，而是在用心經營，在用自己能想到的方式拚盡全力。

我知道當機緣具足時，我可以幫助他們，讓他們體驗到我正在體驗到的幸福、力量和自由。

你真的無法想像，我看到的你是多麼完美、多麼有力量、多麼可愛、多麼寶貴、多麼神奇、多麼不可思議。

而我想做的工作就是，讓你有機會看到，我眼中看到你的樣子。

於是，我從幸福心理學的踐行者，成為一名傳播者。從線上課程到實體課程，從數年前的公益小沙龍到如今累積學員已經超過二十萬人次。個人成長，親子關係，親密關係，原生家庭，財富、職場……

我陪著所有的小夥伴成長，我看到他們的生命品質升級，看到他們突破自己，闖過一個又一個曾以為難到令人絕望的關卡，看到一個又一個關隘後的美麗風景，得到一次又一次自我成長的幸福饋贈，家庭幸福、美滿。

和很多老師不同，我並不是「天生本厚」的那種人，曾經被夾在世俗生活中費力證明自己又無力的體驗，這種時候反倒成為一種資源。

因為一個盲人學會重新看見世界時，會比那些天生就看得見的人對正在摸索世界的盲人有更多的耐心和理解，哪怕他們磨磨蹭蹭、戰戰兢兢，明明沒有危險卻徘徊不前，因為我知道那是一種怎樣的感受，知道他們在經歷什麼。

我知道這個過程並不容易，但也真的非常值得用心去走。所以，我願意在你身處黑暗時，陪著你。如果你願意把手交給我，我會陪著你，直到我們一起走向光所在的地方。

祝福你和你的世界從此光彩奪目，順遂安好。

周梵

優生活 142

承認自己不那麼好的你，會愛得更好

作　　者—周梵
副 主 編—朱晏瑭
封面設計—李佳隆
內文設計—呂佳芳
校　　對—朱晏瑭
行銷企劃—謝儀方
第五編輯部總監—梁芳春
董 事 長—趙政岷
出 版 者—時報文化出版企業股份有限公司
一〇八〇一九台北市和平西路三段二四〇號
發 行 專 線—（〇二）二三〇六—六八四二
讀者服務專線—〇八〇〇—二三一—七〇五
（〇二）二三〇四—七一〇三
讀者服務傳真—（〇二）二三〇四—六八五八
郵　　撥—一九三四四七二四時報文化出版公司
信　　箱—一〇八九九 臺北華江橋郵局第九九信箱
時報悅讀網—http://www.readingtimes.com.tw
電子郵件信箱—yoho@readingtimes.com.tw
法律顧問—理律法律事務所　陳長文律師、李念祖律師
印　　刷—勁達印刷有限公司
初版一刷—二〇二一年七月十六日
定　　價—新台幣三六〇元

原著作名：先學會愛自己，再遇見對的你
作者：周梵

時報文化出版公司成立於1975年，並於1999年股票上櫃公開發行。
於2008年脫離中時集團非屬旺中，以「尊重智慧與創意的文化事業」為信念。

承認自己不那麼好的你，會愛得更好 / 周梵作. -- 初版. -- 臺北市：時報文化出版企業股份有限公司, 2021.07
面；　公分
ISBN 978-957-13-8657-7(平裝)

1. 人生哲學 2. 自我實現

191.9　　110002055